セックスしたくてたまらないのに……

いつも我慢しています

セックスカウンセラー
麻未 知花（あさみ ともか）

カウンセラーが明かす女の子の本音

目次

第1章　真面目、優しい、器量のいい人ほど「セックスしたい」を我慢している

第2章　女の本音、教えます。本当は、抱かれたい、したい

第6章　男も女に求めているもっと自由に、もっと淫らに

第7章　男が知らない女のセックス心理

まえがき

世の中の女性は、どれほど、そしてどのようにセックスを求めているのでしょうか？

私は20代から70代までの多くの女性に取材をしてきました。そこには私自身も驚くような状況がありました。

男性が性的な欲望を持つことは当たり前のことです。欲望をいつまでも持ち続けることで、若々しく、しかも長生きできます。この〝性的欲望〟は、男性にだけあるのではなく、女性にもあることをお伝えしたいと思います。

女性が開放的になってきた今でも、女性に奥ゆかしさを求める男性は少なくありません。そのため、女性は性的な話を口にしにくく、自分から男性に「今から、私とセックスしてください」とか「私とセックスしませんか」と言うこともできません。

そんなことを言うと、どこかおかしい人と思われ不審がられ警戒されてしまいます。ともすれば会社や地域で噂が広がってしまいます。

ですから、女性は、心や身体が男性を求めていてもいくらセックスがしたくなっても、自

分から裸になって男性を襲うことはなかなか難しく、自分に愛とセックスを与えてくれる人が現れるのを待つしかありません。ステキな人がいたら、どうやったらその人が自分を誘ってくれるようになるのか考えるしかありません。積極的にアプローチできる男性よりも難しい側面もあるのです。

もちろん男と女は身体の構造や仕組みが違いますので性欲の現れ方が違います。たとえば男性の場合は、ヌード写真や動画などでもすぐに性欲を覚えペニス（ちんぽ）が勃起することがあります。写真や動画の女性を愛していなくてもです。女性は男性と同じようには性欲を覚えません。身体のつくりが違うからだと言われています。

でも女性は、少し身体が触れ合ったり、触られたり、ムードが高まったりしたときには、体中が男性を求めてしまうことがあります。このあたりも、男性と女性は少し違うようです。

女性は男性のように露骨に性器、つまりペニスが勃起して射精するわけではなくても、少しずつ欲しくなり、最後は自分でいろいろな想像をしてオナニー（自慰）したくなるのです。そうなったときには、男性以上の激しさでセックスを求めることがあります。つまりセックスにいたるまでは、だいたい男性のほうが性欲を我慢できません。しかしセックスをし始めると女性のほうが我慢できなくなる。そういうこともあります。

個人差はありますが、女性の場合は感じ始めると止まりません。感度の高い人は一度、男根を膣に挿入されて感じ始めると、どこまでも「挿れて欲しい」と思い、「突かれる」たびに快感が走るので、早漏な男性では女性をエクスタシーに導き満足させるのが難しいほどなのです。複数を相手にして何度もエクスタシーに達することが可能なのは、男性ではなく女性のほうです。男性はというと、一度か二度、射精してしまえば性欲は急激に低下して参戦できなくなってしまいます。

多くの男性は、女性には、激しい人と大人しい人の2タイプがある、と思っているかもしれません。たしかに、性格には、激しい、大人しいがあるでしょう。でもセックスに関して言えば、一概には言えないのです。

日ごろ大人しく奥ゆかしい女性、清純な女性が、とても激しくセックスを求めていることがあります。実際にそういう女性は、一度身体を開発されてしまうと男性器なしでは生きられないほどのセックス好きになってしまうケースも多々あります。

まったく性体験がない段階や、気持ちのいいセックスをしたことのない段階では、女性は、自分が「セックスしたい」のだと自覚しません。でも身体にはウソがつけないもの。自分で想像したり、性的に興奮する書物を密かに読んだり、女の子同士でエッチな話をするなどして欲求を解消します。そのとき秘部はしっとりとして男性器にあたるクリトリスが赤く大きくなり膣口は少しずつ開き、セックスの準備を整えているのです。

そのような状況になると、女性器、つまりオマンコは男性器がすぐに入るように愛液で濡れていて、それと同時に膣口からペニスを挿れたくて仕方がなくなっています。それは男性の性欲に近い部分と少し違う部分の両方があるのでしょう。

もちろん女性は心を開いた男性に身体を許します。心を開くことで身体も開きます。身体が感じ始めるともっと動物的な性欲が強くなっていって、男性と同じように、いやそれ以上に、動物のように性欲が爆発するのです。

ですので「そういう状況にまで持っていけば、女性はさほど好きでない相手にでも感じてしまう」というのも、あながちウソではありません。

またセックスによって女性が心を開くこともあります。一度、セックスしてしまったために「もう一度セックスしたい」、「こんなに気持ちいいのなら毎日セックスしたい」、「もっと挿れてもらいたい」と思い、セックスがどんどん好きになることで相手の男性と身体が離れられず、好きで仕方がなくなることもあるのです。

いい意味での「調教」では、もうほとんど男性になされるがままのポーズを取り、言われるがままのことを口にします。それが最高潮に達するときには、普段は強気な女の子でもなされるがままになってしまい、ついには男性が射精してし

まってもそれではまったく物足りず何度も欲しがる、そんな側面があるのも女性の身体なのです。

本書のタイトル（セックスしたくてたまらないのに）『いつも我慢しています』は、いろいろな女性の本音の一部です。それはなかなか口にはできないけれども本心の一部なのです。

毎日、常にセックスしたいと思っている女性は少ないでしょう。でも、多くの女性が、生理前になるとうずうずしてセックスがしたくなったり、夜寝る前にベッドに入るとすぐに股間を指でいじったり、気分によってセックスがしたくてたまらなくなったりしています。セックスしていない女性ほど、セックスを我慢しているかもしれません。

自分ではまだ自覚できないけれど、遺伝子に埋め込まれた本能で身体が言うことをきかないほどセックスを求めてしまっている、そういう現象があります。

本書では、あらゆる方面から、そのことを書いていくつもりです。

第1章
真面目、優しい、器量のいい人ほど「セックスしたい」を我慢している

♡あんな子も、こんな子も我慢している

早熟で、低年齢からセックスを日常としている女の子はそれほどセックスを我慢していませんん。でも、真面目で大人しい人や絶世の美女の多くはセックスを我慢しています。特にセックスが盛んでない日本では、そうなってしまっています。

真面目な優等生が、まわりの期待に応えようとすれば、「淫らな女には思われたくない」というプレッシャーが働きますよね。夜は早めに帰宅しますし、出会いの場が自ずと制限されます。それが「したいのにできない」状況を生みます。

図書館で男の人とすれ違っただけではセックスするわけにもいきません。ともすれば、「どうやって男性とお付き合いしていいのかわからない」、「どうやったら男性と知り合い、仲良くできるのかわからない」という女性もたくさんいます。

「なぜあんなに器量がいいのに、あんな美女なのに彼氏がいないの?」と思われる女性の場合、身体が男性を求めていても機会を喪失してしまい、いくらでも男性がよってきそうな美しさやボディを持っているがゆえに、セックスしたいのを我慢ばかりしている場合があるのです。

ですから、もしあなたの好きな女性が、大人しかったり真面目だったり、とびっきり美

しい人だったりするならば、それは大きなチャンスだと思うのがいいでしょう。

我慢している女性は、ほんとうは「したい」のですから。優しく上手に心に働きかけ、気の利いたセリフやムードづくりさえ怠らなければ、きっと本音を見せてくれるはずです。

ただし、そういう女性には最初から「大胆」、「乱暴」は禁物です。最初は、もちろんお友達からスタート。楽しい会話やムードづくりが必須です。そして手をつないで歩くチャンスが訪れたら、そっと手を握る。そっと肩に手をかける。そういうスキンシップによって、心とともに、身体を開いてくれることでしょう。

少しずつ「女の身体」が開いてくるときには、女性の目はとろんとしてきて、足腰も緩んでいます。外からは見えませんが、あそこが湿ってくるのです。言葉とスキンシップで我慢していた性器が開き、少しずつ女性は「したくなって」きます。性的な経験がある女性の場合は、うなじや、腰、乳首などに少し手が触るだけで、我慢していた性器が濡れ始めて、やがて白い愛液が膣口から溢れてくるのです。不思議ですね。

決して乱暴にではなく、筆の先でなでるよう

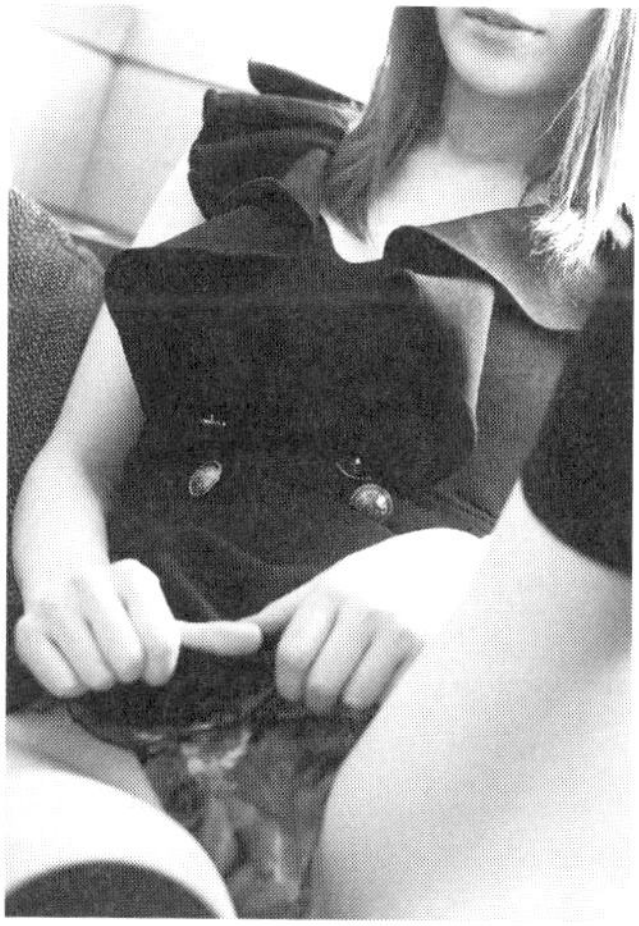

にじわじわと時間をかけると、どんどん女性の身体は興奮していき、我慢の限界を超えると腰をよじったり、ヒザとヒザをぎゅっと締めたりしながら、女性器を締めるようにして、おしっこを我慢するように「我慢しようとする」ことでしょう。

そうなってくれば女性の身体はもうすでに「ペニスの挿入を欲している」状態になっています。

上手な男性は、自分も徹底して我慢します。すぐにセックスをするのではなく、とことん女性が欲しがるまで、ゆっくりと触り続け、女性が自ら「してほしい」、「ください」と口にするまで、とことん我慢させるのです。すごい男性の場合には、服の上から触るだけで、何度も女性をイカせるというほどなのです。

♡セックスがしたい〝始まり〟

「こんな恥ずかしいことは絶対にできない」と思い込んでいる女の子の性器を、下着の上からそっと触ると、全身にまるで電気が走ったように、びくんと動きます。普通ならば決して男の人に触らせることのない神聖な部位ですから、触られて平気な人は少ないのです。それを10分続けると、挿入も何もしていないのに乳房のまわりは汗をかき、目はうつろになり、下着の触っている部分はしっとりと濡れてしまいます。意識して観察すると、あなたも「いかに女の身体はそっと触られることで興奮していくか」を悟ることでしょう。多くの女性にとって「あそこ」は、非常に恥ずかしいものです。

顔ならばお化粧で誤魔化せますが、あそこは明るい電気の下や昼間の太陽の下で見ると、なんともリアルでグロテスクだと思いませんか?

私の取材では、ほとんどの男性は、「明るいところで見たい」、「明るいところでしたい」と思っているようです。でも女性のほうは、少し照明を落とすくらいが一番萌えると言います。ここに男と女の違いがあるように思います。

男性は、なんでも恥ずかしがるような女性を求めていて、女性が恥ずかしがれば恥ずかしがるほど、興奮することがあります。しかし女性は、あそこは見せたくないし見られたくないと思っています。

もちろん、男性は、女性の性器に自分の性器を挿入する役割を担っているので、「女性器を見たい」、「挿入したい」という気持ちになるようにプログラミングされています。

しかも恥ずかしがるところだからこそ、男は

「見たい」、「触りたい」、「挿れたい」となるのです。この男と女の違いをきちんと理解すると、ゆっくりと恥ずかしい状態に近づけていくことが、いかに大切かわかるでしょう。

元来、人には「隠すと見たくなる」、そういうところがありますよね。

ですので、女が恥ずかしがり隠すのは、「男を興奮させる」ための性的本能ではないでしょうか。

ミニスカートの女の子でも階段を上るときはお尻を隠しますね。隠すから男は見たくなるのですが、もちろん恥ずかしいから女の子も隠す。ここに微妙な心理戦があるのです。もし女性が「絶対に見せたくない」のならミニスカートは穿かないはずですし、見せたいのなら、スカートそのものを穿かなければいいわけですから。

そんな男と女の違いを考えれば、最初は暗くてムードがある照明のほうがベターです。最初から、すごく明るいと抵抗のほうが強すぎて興奮できません。だから暗いぐらいのほうが女性は身体を開きます。

しかし繰り返しセックスをしていくうちに羞恥心も薄れていき、大胆になっていくのも女という性なのです。最初はセックスを嫌がっていたのに快感を覚えてからはホテルの部屋に入った瞬間に男性に飛びつき、ペニスをくわえて離さない女性もいます。

最初はムードがとても大切。そこから先は、少しずつ激しく。この微妙なさじ加減が上手な男性が「我慢している女性の身体」を開発していきます。

♡女の子がセックスをしたいと思うシチュエーション

天気のいい午後の公園。手を繋いで散歩をするカップル。女の子は手をつないでもらうことが大好きです。手からの温もりで彼の愛を感じています。

男性が急に立ち止まり女の子の顔を見ると、どうしたのかしら？　女の子は笑顔で彼の顔を見ています。その瞬間に男性は女の子の手を引き寄せ、キスをします。

まるでドラマの一シーンのようなことをしてくれる男性に、女性は身を任せたくなるものです。

いかに強そうな大胆な女性でも、そういう乙女心を持っていて、ロマンチックなことをしてもらうことが大好きなのが女性です。

そういうプロセスをたどりながら、だんだん女性は大胆になっていきます。

男性は両手で女性の身体を抱きしめ、やや強い感触に女性も反応します。

少しの窮屈さが今度は、効果的に女性をM的

な気分にさせます。そして妙な興奮を呼び起こすのです。そして、そういう状況では、女性は「もし彼の手が胸にきたら……」と不安や焦り、あるいは期待のようなものが入り混じった感情になっています。

男性は周りを気にしながら手を頭にもっていき優しくなでます。頭皮も性感帯の一部なのでゾクゾクとする感触に、つい身体が反応します。

二人がお付き合いをしている関係、あるいは女性のほうがセックスへの抵抗が少ない場合は、女性は「もっと感じていたい」と思い、キスのおねだりをするでしょう。何も言わなくても目をつぶってキスを求めることもあります。

あるいはそういう関係でなくても「女性が性的に我慢の限界を超えるほどに感じてしまう」場合には、女性の唇は半開きになりディープキスを求めるでしょう。

多くの女性や男性が証言するように、このディープキスの繰り返しの状態というのは、気持ち的にはもう完全なセックス状態です。

舌が口の中に挿入され、なされるがままに舐め回されている状態ですからセックスに非常に近いのです。

普段の生活では唾液というのは汚いものですよね。でもディープキスは、その相手の唾液を受け入れ、そして自分の唾液と混ぜ合わせるのに等しい行為です。口の中や舌というのは、性器や肛門と同じく粘膜でできているので、舌を相手の口の中に入れる行為というのは、もはや、象徴的な性器による「結合」を意味しています。

ですから、女性の目がとろんとしてきて口が半開きになった状態でディープキスを始めたら、すぐに押し倒さずに、この擬似的なセックスをゆっくり楽しんでください。

この時間が長ければ長いほど、女性の身体は我慢することができなくなってしまうのです。できるかぎりその緊張状態を続けながら身体を軟らかくタッチするといいでしょう。

この状態が続くと、女性の足はガクガクとなりよろけてしまい、ついには立っていられなくなって彼に寄りかかるようになります。

ここからは女性は驚くほど大胆になっていきます。声を出すとまずいような場所でも、声を出してしまうように。

彼の硬く勃起したペニスを股間辺りで感じとり、挿れて欲しくてたまらなくなるのです。もし、女性がセックス経験の豊富な場合には「欲しい」とか「セックスしたい」とか、「挿れて」などと口にすることも稀ではありません。また、そういうことは絶対に口にしない女性の場合でも、自分から男性のズボンのチャックを下ろしたり、あるいは男性器を触ったりと、普段ではやらないような行動を取ることがあるんですね。

屋外でエッチのできない場所であることも、女性を興奮させるいいシチュエーションになることがあります。絶対にその場ではセックスできない状況で、「セックスを我慢している」女性の身体はすごいことになっているのです。下着の中で、性器が口を開き愛液を出して待っているのですから。

「このままホテルに行きたい」、「セックスしてもいい」と思っていて、あるいはもう一刻も早くホテルに行ってでも、ペニスを挿れて欲しいという状況になっている、いわば「セックス我慢状況」の女性というのは、完全に「ください」状態になっています。

下着に手を入れてそっと指で触ったら、そのまま指が女性器の中にすべりこんでしまうほど濡れていることに男性も気づく状況です。

そういう段階に入れば、女性は男性の思うままです。あとは女の子を傷つけることなく、何度もイカせてあげれば良いのです。

ですから、デートの際には、手を握りしめ優しく長いキスをしてあげてください。さらに何度もキスをしてみてください。そのキスがとても大切なのです。

女性は最後は激しいセックスで萌えます。そして身体は「セックスの快感」を覚えますが、心は「ロマンチックな優しさ」や「クールな男らしさ」を覚えます。

ここが、恋愛の駆け引きにもなるでしょう。「冷たくされればされるほど、嫌われたくない、身体が離れられない」という現象もありますから複雑ですね。男女関係では、「追えば逃げる」「逃げれば追う」ということもあるので、あえて「引いてみる」というテクニックも重要です。セックスの最中に、あえて「焦らす」ことで女性はさらに欲しくなるのです。

女性は一度セックスを覚えてしまうと、「ほんとうは彼氏がほしい、もう一度あの人に抱かれたい、でも変な人には思われたくないから、考えないようにする」などといろんなことを悩んでいるものです。

そうやって、どこかでしたい気持ちを「我慢」している女性はすごく官能的です。

脳というのは刺激を与えてしまうと、もっとそれ以上の刺激が欲しい、それ以上の快感が欲しいと指令を出してしまうのです。

「もっとキスして」、「もっとクリトリスを舐めて」、「もっとペニスを深く押し込んで」と、快楽の脳はどんどん塗り替えられていきます。

女性の身体というのは男性次第。とても淫乱にもなれますし、開発されてセックス好きにもなれます。

毎日、好きな人とセックスしていたい。もう一度、あの人に抱かれたい。もっと激しく、もっと奥まで挿れてもらいたい。すぐにでも挿れてもらいたい。したくてしたくて、もう我慢できない。多くの女性の身体と心は、そうなっています。

♡実は毎日オナニーしています

女性がどのようなオナニーをしているのかご存知ですか？　実際に見たことがありますか？　それとも想像で楽しんでいますか？

私は、この手の質問を多くの男性にしてみました。

アダルトビデオで女優がオナニーをしているのを見たことのある人はたくさんいますが、実際に女性が一人で本気でオナニーをしている様子を見たことのある人は、かなり少なかったのです。

アダルトビデオの女優は、半分は演技かもしれませんね。しかし誰にも見られていないところでやるオナニーの実態というのは、もっと生々しいと言っても過言ではないでしょう。

ひとりエッチの世界をご案内する前に、ここで多くの人が実感している、男と女の感じ方の違いについて復習しておきましょう。

まず男の場合は、ヌード写真、エロ画像、動画などを見て、すぐに興奮し勃起します。女の場合はそうではありません。前に書いたようにムードのあるシーンで抱き寄せられるような、触覚をともなって徐々に興奮します。

また男はすぐに興奮しますが、射精後は、一気に冷めていきます。つまり「熱しやすく冷めやすい」のが男。女はというと、興奮に達するまでに時間がかかりますが、絶頂に達した後の快感はかなり持続し、緩やかに冷めていくのが特徴です。つまり「熱しにくく冷めに

くい」のです。もちろん個人差はあります。性経験によっても違います。でも、概ねそのように男と女は違っています。

それは、ある学説によれば原始時代のころからの「本能のようなもの」なのだそうです。弱肉強食の原始時代では、男は女に挿入して射精したあとは敵や他の男が来るまでになるべく早く退散して、自分の身を守る必要があったそうです。だからそのなごりで、男の性欲は熱しやすく冷めやすいのだとか。

また逆に女のほうは、なるべく次から次へと何人もの男を迎え入れ、複数の男にたくさん射精してもらうために、ずっと興奮が冷めにくくできているそうです。

「次から次に犯してもらう」なんていうとアダルトビデオのようですが、原始時代にはそういう状況もあって、膣の中で多くの男の精子をブレンドして競争させてより強い精子を受精する必要があったため、とも考えられています。

話を現代にもどしましょう。

アダルトビデオを見ながらオナニーをする女性は、その動画の何を見て興奮するか、わかりますか？

イケメンの顔？　いえいえ違います。

男のいやらしい腰の使い方？　それも違います。

これは男性にはあまり知られていないことですが、「女性はアダルトビデオを見るとき、男性の裸をほとんど見ていない」のです。

不思議ですね。男性はアダルトビデオで異性である女性の顔や身体を見て興奮しますよね。にもかかわらず、女性はそれほど異性である男性を見ていないなんて。

でも私も含め、割と多くの女性が同じように回答しているのです。

ここにも男性と女性の、ちょっとした違いがあるようです。

圧倒的に、エロ本やアダルトビデオを見て興奮するのは、女性ではなく男性が多いことにも関係があるのでしょう。

では、アダルトビデオを女性が見てオナニーをするとき、映像のどこを一番見て興奮するのかというと、それは、「ビデオに映っている女性の身体」なのです。

実は女性は、女性の身体を見て興奮するのです。

しかも、その感じている顔を見ると、どんどん興奮度が高まってきます。私の場合もそう。

つまり異性ではなく、同性を見ているんですね。

多くの男性は、映像の中の同性である男性の興奮する顔や、その身体をあまり重視して

いないようです。男性の顔にはボカシが入っていても別にいいのです。

でも男性にとって、女性の表情は重要です。

私の場合は、画面の中で女性が胸を揉まれていると、あたかも自分が揉まれているときを想像してしまいます。ふと気づくと、自分の手はアダルトビデオにつられて乳房を強く揉みしだいています。掌の強弱や荒々しさをビデオと同調させて、さらに心地よくなってくるのです。

それが長い前戯でしたら、見ているうちに我慢できなくなり、男性器が欲しくてたまらなくなってくるのです。そうなってくると（多くの男性がそうするように）、早くペニスの出入りが見たい、早く喘ぐ裸体や顔を見たいと思うようになって、つい、映像を本番が始まるシーンまで早送りしてしまうのです。

もうここまで興奮してくると、膣の入り口を指でなぞるだけで愛液が大陰唇までヌルリと広がっているのがわかります。指に付着した愛液でクリトリスをいじくると、とても気持ちがいいのです。

映像の中の男女は大胆に声を出し激しくピストン運動を繰り返していきます。「もっと、もっと激しく突いて。もっと挿れて」というふうになっている女の喘ぎ顔が映し出され、女性器に突き刺されるペニスの動きを見たときには、快感の渦に飲み込まれています。

動画を見ながらオナニーをしている女性の興奮度は上がりっぱなしで、見ている自分の鼓動も早くなり性器も同じ状況になっています。そして、画面の二人がイクときには自分も一緒にイケるように器用に指が調整しています。視覚と指の、無意識の同調です。

もちろん、アダルトビデオを見ながらオナニーをする女性はそれほど多くないかもしれません。では世の中の女性はどんなふうにオナニーをしているのでしょうか？

いろいろな人にこっそり聞いてみました。

早い子は、中学生ぐらいからそういうことを覚えます。多感な女子高生の多くはオナニーをしています。もしくは、ふいにそれと近いことをしています。身体が大人になりはじめ、性に目覚めているのです。

10代の女の子は机の角など硬いところに陰部をこすりつけたり、パンツの上から消しゴムやボールペンなどで触ったり、そういうことがクセになります。20代でセックスをしている人は少しオナニーの頻度が減っている気がしますが、30代以降の女性たちは、もっと、しっかりとひとりエッチの世界をもっていて、バイブを使っている人が目立ちました。しかもさまざまな形のバイブを試している傾向があります。

次にご紹介するのは、これまで私が、直接聞いた話です。

ある17歳の女子高生。小太りで長身、がっちりした体形の明るい女の子ですが、13歳のときにオナニーに目覚め、彼氏いない暦が長いためかずっとひとりエッチをしているそうです。

電車の中でも急にオナニーがしたくなるときがあるようで、学校までの電車がローカル線ということもあり、人がまばらなときには大胆にも電車でオナニーをしたことがあるのだとか。スカートの下に手を突っ込みパンツの上からゆっくりと全体をなぞり、中指でクリトリスを集中的にコリコリと触るのだそうです。ここまで大胆な告白をしたのは彼女ひとりでした。多くの女性は電車の中で、そんなエロ動画まがいのことはしていないと思います。

ワンレングスの似合う色白の、ある短大生の場合。彼女は声も細くて小さく守ってあげたくなるような華奢な女の子でしたが、やはりオナニーをしていると告白しました。

ある日、帰宅途中に、駐車場の陰に隠れてセックスをしている学生のカップルを見てしまい、そのとき急に「すごくオナニーがしたくなった」と言います。そういう場面に遭遇することは、普通はほとんどないので刺激が強過ぎたのでしょうか。

彼女が見てしまったのは、女の子が学生服のスカートをまくしあげられ、車のトランクに手をつき彼氏にバックで何度も挿入されている卑猥な姿でした。そのときの「野外セックス」の光景が目に焼き付き、それを何度も思い出してオナニーをするのだそうです。よほど刺激的だったんですね。女性の年齢によっては、そんな動物的なシーンを見てしまえばトラウマになることもあるでしょう。彼女の場合はそれがオナニーの道具になったらしいのです。また、とても母親に見えず仕草も可愛らしい30歳のシングルマザーも、赤裸々に自分のオナニーの実際を語ってくれました。

「離婚してからセックスしたくてたまらなくて、欲求不満が解消できなくて困っているの」

「オナニーで解消してるの?」

「そうなの。セックスしたいけれど、すぐにセックスできる相手もいないし。それで子供が眠ってから自分も布団に入って、昔のセックスを思い出して毎晩してしまうのよね」

「それは指? 物を使うの?」

「そういう、バイブとか大人のオモチャは子供がいるので家に置いておけないから、指とか、野菜とかを挿入したりするの」

もっと詳しく聞いてみたところ、細身の茄子やキュウリをそのまま挿れるというから驚きました。まるでエロ動画のようです。しかもキュウリのブツブツはあらかじめ包丁で削いで準備をするとのこと。膣の中はとてもデリケートで傷付きやすいし、ばい菌も繁殖しやすいので大切に扱わないといけないというのはもちろんですが、そこまでするとは驚きです。

オナニーを頻繁にしているためかお肌も艶がありツルツルでした。

ショートヘアが似合う、41歳の女子ゴルファーにもオナニーについて教えてもらいました。

彼女は体格がいいわけでもないのに、いつも男性以上にバシバシとゴルフボールを飛ばしまくっています。足がとても綺麗で、よくミニスカートを穿いて練習をしていて、同じ女性から見ていても、目がくぎ付けになってしまうような素敵な女性です。

そんな彼女に旦那さんとのセックスはどれくらいしているのか聞いてみたところ、3人目の子供を産んだときから一切ないようです。

旦那さんの浮気も黙認しているのだとか。それで人一倍セックスしたいのを我慢しているのでしょう。仕事と子育ての忙しさでセックスがなくなっていても、生理前のムラムラがくるときにはセックスしたくてたまらなくなり、一日に何回もオナニーするようです。

「自宅でもするけれど一番多いのはワゴン車の中」だと恥ずかしそうに教えてくれました。たしかに人のいないようなところに車を移動して、後部座席に座れば、誰にも見られずにオナニーできるに違いありません。

そういう意味では車は割と安全な空間です。大好きな俳優さんや、初恋の人などを思い出しひたすら妄想して興奮度を高めオナニーするのだそう

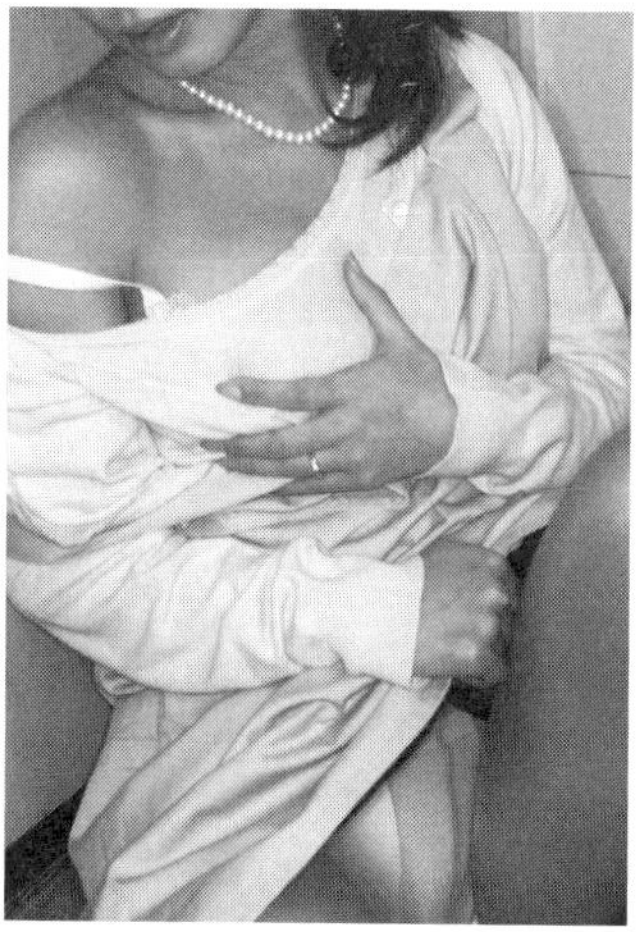

です。

　では、ここからはオナニーデータなどを見ていきましょう。

　あなたは女性がどれくらいの割合でクリトリスでイクと思いますか?

　性の調査会社によれば、8割近い女性がクリトリスでイクというアンケート結果を発表しています。

　実際、私の周りの友達もほとんどクリトリス派でした。私もクリトリス派ですが、まれに膣派になるときもあります。

　膣派の女たちは言います。

「クリトリスも感じるけど、やはりペニスの感触が欲しいから指を2本突っ込んで出し入れするの。すると膣が濡れ濡れになってきて3本まで突っ込んだりしてしまうの」

「断然、膣のほうが感じるに決まってるわ。指を彼氏の性器に見立てて、必死に感覚を思い出しながらオナニーするのよ」

「私はクリトリスと膣を交互に刺激を与えるの。最後にイクときは必ず膣で達するように

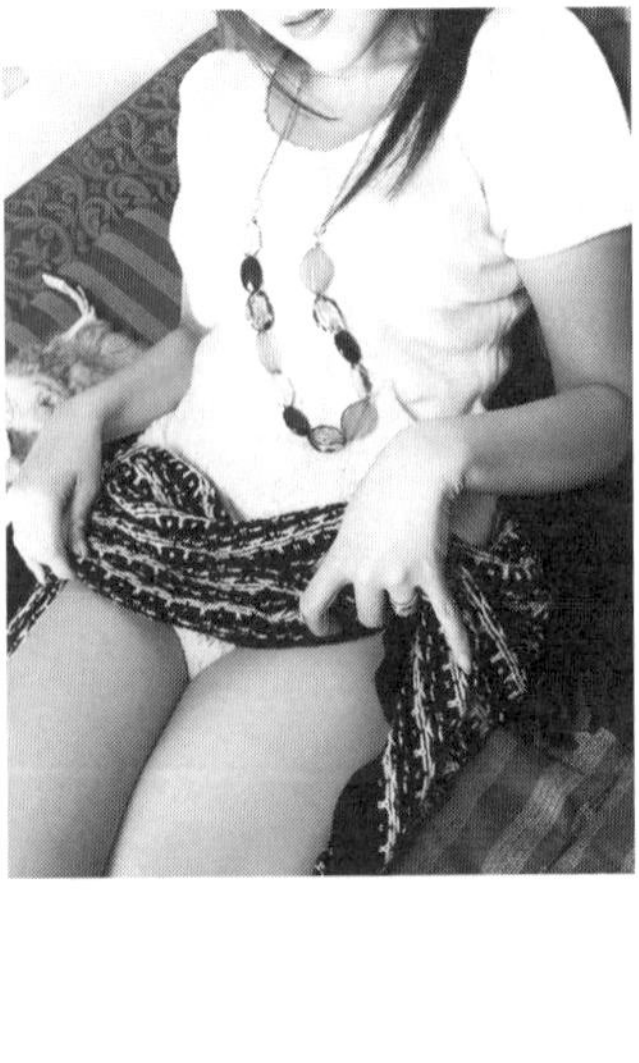

している。上半身は寂しいけど下半身はセックスしている感じがするのね」

大半の女性は、特に敏感なクリトリスをいじくるのが好きなようです。

実際に、クリトリスというのはとても敏感で、ピンクローターや電マをあてがうと、瞬間的に身体がのけ反ってしまうほどの反応が起こる部位です。長年オナニーをしていると、指だけでは物足りなくなりオモチャを使ってオナニーするという女性も少なくありません。

特に膣派の女性のほとんどは、バイブを登場させるようです。それも何種類もの形のバイブを揃えていて新しいオモチャが発売されると試してみたくなるみたいです。今では、すぐにネットで買うことができるのでオナニーが大好きな女性にとってはそういう道具もより身近になっているのです。

そこで取材を通して、本音を語ってくれた人たちをご紹介していきたいと思います。

♡秘密の時間の使い方（体験談）

●T子さん（27歳）テレビ局勤務・彼氏いない歴半年

「彼氏と別れてから身体が寂しくて性欲を減らすためにジム通いを始めたの」

「それはいいことね。汗を流したら身体も軽くなるし疲れるからよく眠れるものね」

「そうなの。しかもジムに行く楽しみを見つけたの。これが凄い発見で気持ちが良すぎるの」と、ひとり笑いが止まらない様子のT子さん。

相当な楽しみなようで私の突っ込んだ質問に恥ずかしがりながらも答えてくれました。

「実はね、ジムが終わった後に個室のシャワー室に入るの。汗を流してシャワーを最高に強くして、あそこにあてるのね。クリトリスが刺激されて感じて、そこでオナニーが始まっちゃうの。声が微妙に出ちゃうからシャワーは出しっぱなしで行うのよ。愛液も洗えちゃうし一石二鳥だから」

「へぇ、そうなんだ。私もジムに通っているけど想像すらつかなかった。それに立ってオナニーってスゴ技だわ」

立ちバックは定番だけれど、立ちオナニーって指の角度とかで気持ちよさが変わってくるのかもしれないですね。

●K美さん（36歳）パート勤務・既婚者
「結婚生活も14年となると主人とのセックスもマンネリで義務としか感じられない」

「たしかにそれは多くの主婦たちが言うわね。週にどれくらいセックスしているの？」

「週一回って感じかしら。でも、これって多いほうだと思わない？」

「性の調査では、日本人の30代では半月に一回ってデータかしらね」

「やっぱり。正直、週一回もいらないしオナニーのほうが気持ちいいのよ。実はね、主人が仕事に出た後に、バイブでオナニーをするのが日課になっているの」

「どういうバイブを使っているの？」

「この前購入したのが、クリトリス部分の突起が30個も付いているの。柔らかくて生け花に使う剣山みたいな形」

「それ私も知らない。膣と両方攻めのバイブは多く発売されているけど、膣周りの刺激が広範囲ってどんな感じ？」

K美さんは、股間を抑えながら恥骨を回し始めました。

「こんな感じで恥骨を押さえ付けながら手首を回すのね。そうすると振動がさらに強くなってとても感じるの。バイブを抜いてその剣山みたいな部分を毛の生えている部分にあてるとね、絶妙な快感が襲ってくるの」

「興味ありあり。私も購入してみる」

バイブも多種多様な使い方ができるようです。

K美さんの場合は日課になっているとのことで飽きない工夫もしているのでしょう。

ではもうひとり、秘密の時間を聞いてみましょ

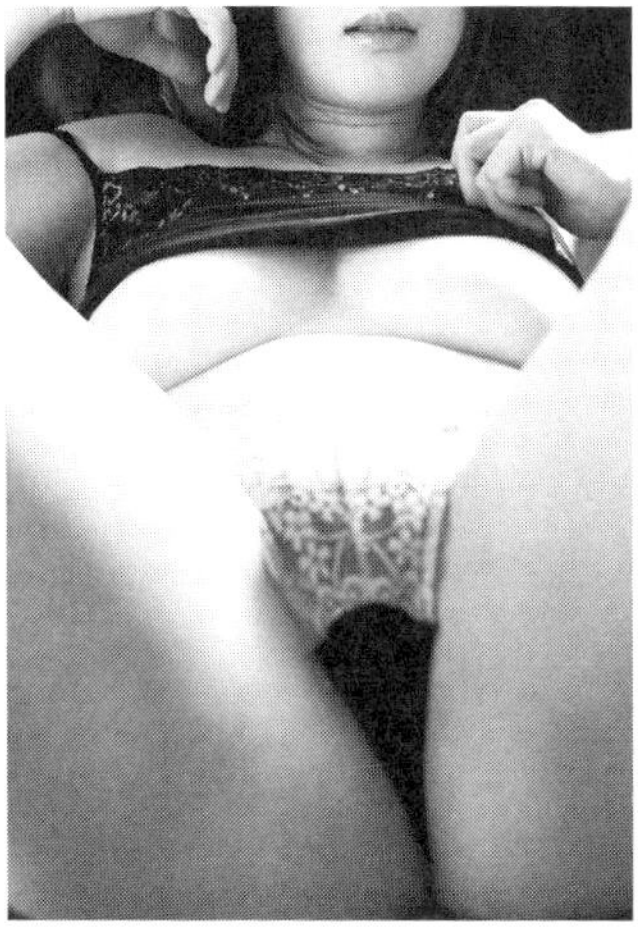

う。

●N子さん（47歳）グラフィックデザイナー・バツ1

「オナニーを手でするのもオモチャも飽きたのね。今は彼氏の影響で物を突っ込むのが快感になっているの」と衝撃的な発言をしてくれました。

「それってアダルトビデオで見るような、キュウリやバナナ？　もしくはコーラのビンとかって感じかしら？」

「そうなの。ナスビとかの野菜から始まって、今はコンニャクにハマっているの。具合のいい大きさに切って、二つ折りにして中で広げて出し入れするとペニスより気持ちイイのよ」

「そうなんだ。柔らかさや弾力も膣には優しい感じもするけど」

「これは使い分けができるのね。夏は冷蔵庫で冷やして挿入するとすっごく気持ちがいい。冬はね、お湯で温めてから挿入すると布団から出られなくなっちゃう。バイブだと冬は冷たくてペニスの温もりに見立てることもできないでしょ」

たしかにN子さんの言っていることを想像するだけで膣の中の気持ちよさが伝わってきました。

私の初めてのオナニーはこうでした。ある日、お布団の中で何気なく下着の上からあそこを触ったら、びくんと身体に電気が走ったようになったんですね。なんだろ？　この感覚は……と。しばらく摩っていると、直接、オマンコに触れてみたくなって。下着の上からでもわかるほど、そのときは膣口の広がりも大きくなっているようでした。

おそるおそるパンツの中に手を突っ込んでみると、無意識に指がクリトリスに触れて。指を強く押したり回したりすればするほど気持ちよさが増してくるんです。しばらくいじくっていると、クリトリスがじんわりとしてきて指もずるっと滑るようになっていて、指は膣に自然に降りていくのです。そんな体験です。

膣周りを指先でそろりと回していると、ふと指を奥に突っ込みたい衝動に駆られてしまいます。「指を中に挿れるとどうなるのだろう?」といけないことを考えるのです。

まだ何物も挿れたことのない、神秘的な膣の中に指をおそるおそる挿入してみたわけです。怖さもあってか、一旦は指を抜いてクリトリスを刺激して。それで再び膣の中に指を入れてみる。だれでもそうだと思いますが、特に処女の場合には

一気に膣の中に指を入れる行為というのはすごく怖いものです。未知の世界ですから。やっぱり、おそるおそる、やるんですね。

でも自分でも興味のある場所でもあるので、女の子は毎日少しずつですが、そういうことをやる時期がくるのです。

そして、少しでも味わったクリトリスからの快感。これがオナニーの始まりです。

オナニーが終わる頃には、心地よいリラックス感に包まれ、ぐっすりと眠れるようになるので、こういうことが日課になっている女子が多いのも頷けます。

妄想ができる女性の場合は、まず照明を落としてだれも入ってこない部屋でリラックスして、エロいシチュエーションを妄想しながらオナニーに耽ります。回数を重ねると恥骨周りに性感帯が集中していることに気がついて、ヘアの上やその周りを掌全体を使って刺激してやることも覚えてしまいます。

多くの女性がこういったことを自然にしてしまうというのも、やはり動物的な本能によるのでしょうか。セックスがしたくなる時期の女の身体の仕組みに驚かされます。

目が覚めると妙に気だるい感じがして自然に手があそこにいき、オナニーを始めてしまうこともあります。これも生理現象なんです。

そういえばシングルマザーで看護師をやっている私の友達が、「まだ自分の娘が3歳だったときに、とても驚いた体験をしたことがある」と言ったことがあります。

いつものように娘を公園に連れて行くと、その娘は動物の形をした動かない乗り物にまたがっていたのだそうです。

ところが、なかなか娘が乗り物を離れようとしないのでどうしたのか見ていると、どうやら身体を前後しながら股間を乗り物に押し付けて感じているようなのです。まだ3歳なのにその顔は、まさしくエクスタシーを与えられた大人の女の表情をしていたと言います。

友達はこれには驚いたようで、慌てて乗り物から娘を降ろしたらしく、その日を境に、公園に行くと必ずその乗り物にまたがり、同じように快感を得ようとする娘を、どうしたものかと悩んだのだそうです。

その子は、きっと早熟になるのではないかと話していたのですが、やはり人よりも性に関しての発達は早く、とても、おませな女の子に成長しました。

何がきっかけで性に目覚めるのかわからないですね。

大人になりセックスを体験してしまうと膣の中にオモチャを挿れる怖さがなくなり、自分からバイブを使い出すといった女子も多くいます。

セックスを我慢している女性は、ほんとうはペニスを挿れて欲しいのだけれど、そういう環境にない場合には、ペニスがわりにいろいろなモノを挿れたり指でクリトリスを触って、ひとりエッチをしているのが実情ではないでしょうか。でも私に言わせれば、どんな女性もやはり本物の熱いペニスを激しく挿れて欲しいんです。それこそが我慢している女性の「本音」だと思います。

♡ギャップ萌えから興奮するセックス

【淫乱な女】

さまざまなギャップに弱いのは女性も同じです。

すごく純粋そうな女性がベッドインした途端に、実はすごく積極的で淫乱な様子を見せたら、あなたは興奮しますか？　それとも戸惑いますか？

これは人それぞれだと思いますが、純粋そうであればあるほど、そのギャップに萌えてしまう男性もいるようですね。

女性経験の多い男性なら、「この子、かなりの性欲があるな」と察して、遠慮なく突きまくり、全身を試すような激しいセックスをするかもしれません。

しかし経験が少ない男性の場合は、まずビックリしてしまうでしょう。主導権がどちらにあるのかわからないセックスタイムになるのかもしれません。

あまりセックス慣れをしていない男性の場合は、そういう積極的で官能的な女性を相手にするときには、思い切って主導権を渡してしまうのがいいでしょう。

きっと女性は上に乗りキスをしてくるでしょう。その唇は徐々にペニスを目がけて下がってきます。乳首を舐め回している間にその手はペニスをいじくっているのかもしれません。男性は女性の乳房を揉んであげるのもいいですね。さらに髪の毛をなでてあげると女性は愛情を感じ嬉しくなります。そうしますと次に繋がるフェラチオを丁寧に、男性が心地よくなるまで時間をかけてくれるのは間違いないでしょう。ペニスをくわえて離さないほどの女性もいます。

あなたは、ペニスを口に頬張る女の子の顔を見ると興奮するほうですか?

女性には、フェラチオがとても嫌いな人と割と好きな人がいます。一方、男性には嫌がる女の子に無理矢理フェラチオをさせることで興奮する人が割と多いような気がします。このことは、のちに触れますが、女性が、そういうオーラルセックスを好きになるかどうかも男性の「調教」次第なのです。

フェラチオ好きにするには、きちんと女性にご褒美を与えてあげなければならないのです。男性が女性にフェラチオをさせるときに、いつも女性が感じるようなことをしてあげれば、それがクセになって自分からフェラチオをするようになるでしょう。

私の場合は、ペニスを亀頭からゆっくりと喉の奥の近くまで入れ、上下に頭を動かしながらゆっくりと味わうようにします。唾液で滑りがよくなったペニスを舌先で回したり、吸い付いたり。筋裏をゆっくりとハーモニカを吹くように唇と舌の両方を使って上から下、下から上へと何度も往復させます。男性の気持ちよさそうな顔を見ると、私はすごく興奮するんですね。

男性の話によれば、セックス経験がある女性の場合、自発的にペニスをくわえる女性は少なくありません。

フェラチオは、イヤでやっている人もいると思いますが、フェラチオをだんだん自発的に女性主導でやるようになると、舐められて感じてきた男性が身体をよじったり、やがて強引に女性の身体を触り始めたりすることで自分も濡れてくるんです。もっと上手にしゃぶりたい、吸い付きたいと思い、どうしたら男性はもっと感じるのだろうか、亀頭から小さな尿道へと舌を突っ込んだら感じるのかなどと、ふと考えるときもあります。

たいていの場合、男性は「自分が女の身体を開発している」と思っていますが、実は、女性も密かに、自分には備わっていないペニスに対して、歯を立てて痛がらせないようにとか、もっとピストン的に上手に動かせるようにと、試行錯誤して男性の身体を開拓している気になっているものなのです。

愛する男性の「ペニス」、愛する「ちんぽ」ですから、浮気をされないようにしっかりと毎回あれこれ試しているのです。

♡心と身体を独占してほしい女性たち

あなたは自分の好きな女性を独占したいと思いますか?

おそらくほとんどの男性は自分だけを見ていてほしいし、身体も他の男に触れさせたくないと思っているはずです。

しかし男は勝手な生き物で、動物的な本能が働いているせいか「自分は多数の女と交わってもいいけれど、自分の女が浮気をするのだけは許せない」という人もいます。

許されることならば美女を3人でも4人でも並べておいて同時にマンコを開かせて、片っ端から女性に挿れてみたいという人さえもいるようです。

ネットで見た情報には、約30%の男性に、たくさんの女性からモテたい「ハーレム願望」があると記されていました。

でも女性の場合は、たった一人、あなたがいるだけでいいのです。大半の女性は身も心も特別な人だけのものでありたいと願っています。ここに男と女の大きな違いがあるように思えます。

恋愛というのはさまざまで簡単には表現できませんが、「好きになったから身体を許してもいい」というものと、「身体を許したから好きになった」というようなことが、ごちゃまぜになることがありますね。処女を破った男がたとえ悪い男であっても、なかなか身体が離れられない、ということがあるのも似たような現象かもしれません。

「心が先か、身体が先か」と聞かれれば、多くの人は「心が先」と答えるでしょう。女性の場合は圧倒的に心が先なのです。

でも、それでも動物の発情期を考えれば、「セックスがしたくてたまらない時期」がプログラミングされているからこそ、オスとメスが交尾を始めるのですから、「身体が先」と言えなくもない気もします。難しいところですね。

愛がない人とセックスできないと言う女性は多いものです。

しかしそのような女性でも、愛のない、ビンやナスビやオモチャを使って、クリトリスや膣で感じることはできるのです。女性がオナニーをするときに、どう考えても、ビンやナスビやシリコン製品に対して愛があるとは思えません。矛盾するようですが愛がなくても女性はセックスを感じることができるのです。

相手が男性の場合も、その人と「セックスをしてもいい」という許可、自分なりの言い訳ができれば、セックスへのハードルは低くなり一線を越えることができます。

でも、環境はそれほど寛容ではないので、特に日本のような社会では、許される男性が現れるまでは、女性はセックスを我慢することになります。

セックスしたくてたまらないのに我慢している状態の女性は、こうやって生まれます。心も身体も男性に独占してほしいのに、独占されてもいいと思うような男性に出会う機会を失っている。でも、身体はどんどんエロくなりセックスを要求してくる。だからとりあえずオナニーで解消しているんですね。

恋する女の本音や言い訳をピックアップしてみましょう。

●身体は彼だけのもの（独占される喜び）
●心はどこにもいかない（不動な愛に感動）
●彼の言うことは何でも聞きたい（従う自分が好き）
●私は彼でできている（一心同体的な気分に酔いしれる）
●セックス抜きでも、側にいたい（心が満たされることの喜び）
●連絡はこまめにほしい（離れていても想ってほしい）

これらは、一定の割合で女性に見られる傾向だと思います。私のようにドMな女は、特に支配されたい、支配される喜びを感じていたいのです。

ところが何人もの男性に話を聞くと、男というのはどうも「そうなっていない」ことに気づきます。一人の女に自分を独占されたくはない。ほかの女に目移りする。浮気をしたい。独占したいのに独占されたくはない。これはどういうことなのでしょうか。

そんなとき、ある動物の例を思い出します。

オランウータンは発情期にオスがメスと交尾を盛んにしていても、やがて「飽き」がきて、オスがメスと交尾をする回数が減ってくるそうです。

しかし、メスを別の、新しいメスに入れ替えると、オスは興奮を取り戻し、また盛んにセックスをし始める。やがて「飽き」がきてまたセックスの回数は減るのですが、また別のメスに入れ替えると回数が増えるらしいのです。

オランウータンなどは人間に近い動物ですので、とても参考になるのだそうです。人間の場合も、男性は特に、最初はものすごく興奮する女性に対してでも、だんだん飽きがくるようですね。

どうやら、オランウータンが一匹のメスとのセックスに飽きてしまうのは、「一匹のメスに精子を入れるよりも数多くのメスに精子を入れるほうが自分の子孫を数多く残せるから」という理屈が働いているからだ、という学説があるのです。

人間の場合も男が浮気をする場合には、そういう先天的、本能的な、別の女性に精子を入れて数多くの子孫を残すことができるようにという、「見えざる力」が働いているのかもしれません。

一夫多妻の願望や、浮気性な男というのは、もしかしたらそういう動物的な本能によるものなのかもしれません。

今度は、別の視野から、セックスを我慢している女性のことを考えてみましょう。とびっきりの美人女優にも、なぜ独身の人がいるのでしょうか？

彼女たちは、仕事柄、周りには素敵な男性が山ほどいますし、そういう男性からの声掛けも無数に経験しているはずです。しかし、そんな華やかな世界にいるはずなのに、孤独な人も割といるのです。

美人女優が独身である場合の理由の一つは、プロダクションやファンの目があるからでしょう。

また多忙過ぎて、彼氏に会う時間がないという状況もあるでしょう。世間の目があり、時間もない上に、日常的に、自分の話を聞いてくれる男友達がいないという女優もいます。

美人女優が独身を余儀なくされる場合の理由には、自分のステイタスに見合う男性が少ないというのもあるかもしれません。

女性は、歳を重ねるごとに賢くなり、しかも男性への理想は上がっていくものです。それが美人女優ともなれば、そのレベルで見合う人でなければなりません。つまり、美人女優も、女である以上、適齢期には、発情的に「セックスしたい欲求」が高まっているのに、そういった条件に囚われてしまって機会を喪失しているのです。

もちろん、こういったことは女優に限りません。美しくて、何一つ問題のない美形のお嬢さんが、どんどん理想を高めて、男性とセックスする機会を失っているのです。女優の例を持ち出したのはこのことを指摘したいためです。

彼女たちだって優しくされたい。遊びたい。セックスしたい。でも、どんどん結婚の理想を自分で高めてしまうことによって、結婚やお付き合いのハードルを高めてしまい、セックスする機会を失ってしまう。その結果「セックスを我慢」しているのですね。

そこに突然条件に合わないとんでもない男が現れて、ちゃっかりとモノにすることもあります。美女と醜男だったり、美女と普通の男だったり、美女と野獣だったりするようなカップルが存在するのです。

そういう男たちの多くは、長年、セックスを我慢していた美女を、あたかもハイエナが狙った獲物を食べてしまうようにものにしてしまうのです。

美女の場合は、なかなか男性が声をかけにくいということもあります。気の弱い男性の場合は特に引いてしまうのです。

♡我慢している女性に「したい」と言わせる実践法

女性のほうから「セックスがしたいわ」と言ってくるケースはそう多くはないでしょう。付き合いが長かったり、熟年期以降の女性は「抱いて」と、率直に言ってくる人や合図を送る人もいます。

普段「したい」と言わない女性に、「したい」と言わせるには、まず最初に、女性の身体を理解することが大切です。

女性の身体は、排卵の前には妊娠しやすくなっているそうです。難しい話ですが、私がいろいろと調べてみたところでは、エストロゲンという女性ホルモンが少しずつ増えていき、排卵前にピークを迎えるのですね。

この女性ホルモンは、妊娠しやすい体をつくるだけではなく、若々しさを保つ効果もあるそう。そして、排卵が終わった後には、今度はプロゲステロンという、精子が着床するのを助けるホルモンが増えてくると、専門書には書かれています。

つまり月経の周期にともなって2種類のホルモンの量が変化していくらしいのです。生理の前後で、気分が変わったり、ヒステリックになったりするのも、こういうホルモンの仕業なのです。

これは、女性なら、難しい医学用語は知らなくても、だれもが身体で感じている現象です。私の場合は、見事なくらい生理日が的中します。乱れることの少ない月経周期によるものですが、生理の前日には、「必ず性欲が増す」という実感が、目安になっています。そしてわけもなく寂しくなるのです。

だから私は、生理日の前にはだれかと過ごすようにしています。

この症状が出たときには「明日、セーラームーンがやってくる」と友達に話したりしています。この「性欲」というのがまた面白いもので、子宮の底からペニスを呼ぶ感じなのです。私流の言葉を並べるとしたなら、「体幹から内臓や筋肉にまでエクスタシーを伝達してほしい」というような感覚になります。

この一時期が、「女性がセックスをいちばん我慢しているとき」なのではないかと思うのです。

ご存知のように、動物には発情期があり「ヒトには発情期がない」とか、「一年中発情期」だなどと言われています。しかし、ヒトに近いチンパンジーのメスが、排卵期に発情するように、ヒトにも排卵期と関係した「したくなる時期」が残されていることは頷けます。そしてそういう時期には、運動で身体を疲れさせたり、外にでていろいろな視覚を楽しんだり、要するに意識を他にもっていくことで、女性は「セックスを我慢」しているのです。

女性はこの周期によっていろいろに変化します。すぐに気が変わってしまうのも、切り替えが早いのも、この生理というものに左右されているからと言ってもいいでしょう。

私の気の移り変わりにも生理が絡んでいます。生理を境に真逆のことを言ってしまうこともあります。

生理中と生理の終わった後では、同じ口説きに対してでも反応が随分と変わってきます。もうお分かりでしょう。もし、あなたが好きな女性を口説きたいなら、あるいは女性とセックスしたいならば、この発情期的な反応をしている「時期」を見逃す手はないのです。

そういうことを少しでも知っておくことは、最上のテクニックに繋がります。

あなたがもし、どんなに上手な口説きのテクニックを持っていたとしても、あるいはどれほど素敵な顔をしていたとしても、女性のそういう「時期」を狙うほうが、効果は倍増するわけですし、逆に、そういう「時期」でない場合には多少なりとも効果が減るからです。

私には何度も経験がありますが、性欲がさほどないときに誘われてもそれほど欲情はしません。彼氏に悪いなと思うので受け入れますし、愛のあるセックスが基本ですので、愛のある人とセックスが始まってしまえば、萌えます。

しかしこれが、ぴったりと生理日前に誘われると、かなり積極的なセックスとなります。

女性のこのようなギャップに驚くと同時に、それを魅力と感じている人も多いのではないでしょうか。

落としたい女性、継続したい女性とのセックスのお誘いは、何とか生理前にもっていくように努力してみてください。

それには、もちろん生理日を知ることが重要ですし、生理日を知ることのできる関係になること自体に相応のハードルがあるでしょう。

しかし、「セックスを我慢している女性」が、そういう時期にいちばん我慢しているのだと知ったことは、あなたの大きな武器になる可能性があるということです。

身体がセックスを求めている女性の、よくある仕草についてもご紹介しておきましょう。

●やたらにボディタッチをしてくる（女性の身体が、セックスを求めているときによくある現象です）
●髪の毛をかき上げたり、髪先を指でクルクルと回したり、女っぽさを見せてくる（無意識に欲しいときかもしれません）
●露出の多い服を着たり、ミニスカートを穿き、足見せで挑発してくる（気分的に欲しいときに、そういうファッションを選びがちです）

その他にも本能的に行う仕草を見逃さないでほしいと思います。

あなたに興味がある女性なら、あなたの動きを真似て無意識にミラーリングをしています。

その行為というのは、共感していると同時に感情が入ってきている証拠となります。また話している表情が温和で笑顔が溢れていたら、好意があるのも間違いないですね。動物が異性を引き寄せようとするシグナルと言ってもいいでしょう。

「セックスを我慢している女性」はたくさんいます。しかし勘違いしないでください。そういう女性にも見栄があり常識がありますから、「発情期的」な生理日前に、だれとでもセックスをするわけではありません。

まして強引に、あるいは節操なく下品に口説かれても、ほとんどの女性は警戒するだけで、セックスをさせてはくれないでしょう。

では、どういう方法ならば、そういう「セックスを我慢している女性」が口説けるのでしょうか？

ここでは2つの方法を提示しておきます。

一つは「相談に乗ってあげる」ことです。相手の女性の、失恋や仕事の悩み、そういった相談に乗ってあげるのです。いきなり恋愛ではなく、

「いい友達として相談に乗る」。何でも話せる相手になる。それがコツなんですね。有名な女優であっても、社内一の美人であっても、いろいろ寂しいこと、悩むことがたくさんあるはず。「話し相手」が欲しいのです。あなたが、信頼できる話し相手になることは彼女をゲットできる近道なのです。

2つ目は、「吊り橋効果」です。文字通り吊り橋のような、不安な怖いところでは、人は頼りになる相手に心を揺り動かされます。

ジェットコースターやお化け屋敷、鍾乳洞、あるいは暗い夜道などでは、女性はあなたの強さに頼ってくるのです。そういうときに手を握ってあげることは、とても頼もしく感じられることでしょう。

第2章
女の本音、教えます。本当は、抱かれたい、したい

♡妻たちの本音と実態

今、流行りの妻たちの不倫。

SNSをきっかけに、ありとあらゆる方面からの出会いが広がっています。

多くの取材を続けていく中で、不倫というのはもう男の言葉ではないと感じています。

女も積極的に恋を求める傾向にあり、置かれた立場を崩すことなく、限られた時間を有意義に使っています。

ここでは、人妻たちの内情をご紹介したいと思います。

●M美さん（34歳）専業主婦・結婚歴10年・子供8歳
細身で色白の清楚なイメージの方で、とても不倫とは程遠い雰囲気でした。

「どこで今の彼と知り合ったのですか？」

「スマホで出会い系サイトに登録してみたの。遊び感覚でやってみたんだけど、男性が積極的にくるので、ついその気になっちゃって。私、まだいけるのかな？　と思っちゃって」

「なるほどね。まだ女として見てくれる男がいるって、それは嬉しいことよね」

「そうなの。恋なんて忘れてしまってたけど、若いときの感覚を思い出してきて、今はとても楽しく幸せだわ」

このような「恋する女の顔」というのは、同性から見るとすぐにわかってしまいます。表情が生き生きとし、愛されているという自信が仕草や立ち居振る舞いに表れ、笑顔が多くなります。しかし、喧嘩でもしようものなら、眉間に皺を寄せ、浮かない顔になりますけどね。

また不倫の常習者は喧嘩をうまくかわし、本気にならない程度に愛し愛される術を知っています。

あなたが本気で恋愛をしたいのなら、このような不倫常習妻に引っかからないように気をつけなければなりません。そのためには人妻と接しないようにするのが賢明でしょう。人妻でもいろいろなタイプがいますが、独身者と違った魅力があるのも間違いないですね。

毎日、子供の世話に追われ、時間や生活に余裕がない人妻たちは男に隙を見せません。しかし生活に余裕があり自分の時間がある人ほど浮気に走りやすいと言えます。お洒落にも力を入れます

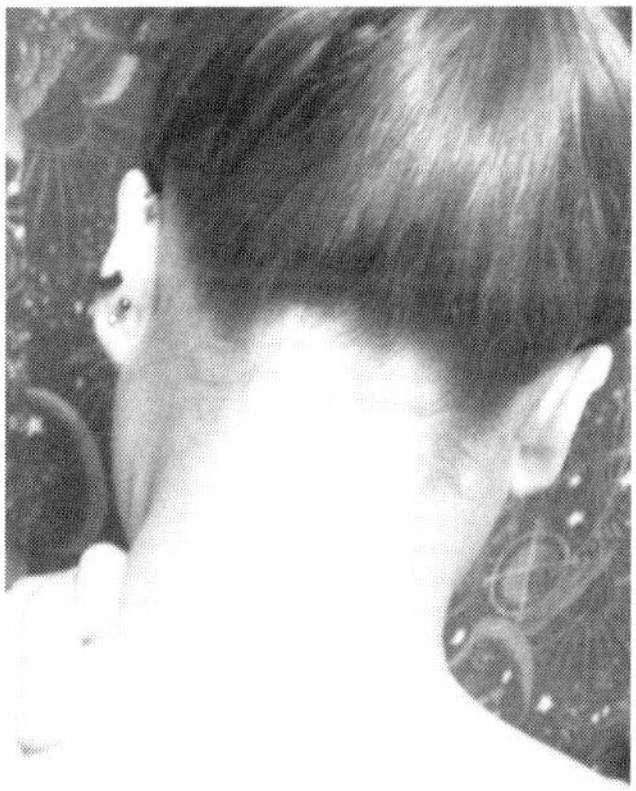

し、アクティブにさまざまな場所に出向き自分磨きに余念がありません。それは美容や趣味だったり、出会いの社交場（飲みの席）などに多く出没します。

このような人妻は、男からの声かけも楽しんでいますので、遊び慣れた男はハンターとなって、人妻狙いをする傾向にあります。

あなたも、ただの遊びと割り切るなら、そういう女性とも友達から始めるのもいいかもしれません。

ここでは、「いかに妻たちの性生活が満たされていないか」ということを見てみましょう。

コンドーム大手企業がアンケート調査を行い、既婚者のほぼ半数が「セックスレス」だと発表しています。

これは全国の男女にセックスの回数や意識について聞き、年齢別にまとめたもので、20〜60代の男女計1万4１００人から回答を得たインターネット調査によるものでした。

この調査によれば、「セックスレス」と感じているのは、交際相手のいる未婚者では、29・0％。一方で既婚者は、55・2％となっています。しかも40〜50代の男性では6割を超えていました。

また、1カ月のセックスの平均回数は、交際相手のいる未婚者の4・1回に対し、既婚者は1・7回とほぼ半減しています。

これらの中には、夫とのセックスには飽きたけれど、セックスはしたいという奥さんも含まれていることでしょう。

不倫妻には、次のようなタイプがあります。

●子供も手が離れ、自分の時間を恋愛に使う〝恋愛体質妻〟
●家庭に不満もないのに、刺激を求めてしまう〝冒険体質妻〟
●皆がいる場所が好きで、ノリに弱い〝流され体質妻〟
●セックスが好きで欲求不満の〝セックス依存体質妻〟

基本的には「男と遊びたい」「セックスしたい」のです。さらに女として見てもらいたいという願望が強いのも特徴と言えるでしょう。

女という生き物は、子供を産もうと年を取ろうと、女なんですね。断続的になりながらも、女性たちはずっと恋愛をしているということです。

「人を好きになれるエネルギーって、自分にとってもプラスになるのよね」
「愛される悦びというのは、女としてこの上なく幸せな時間なの」

ずっと恋愛をしていきたいとの意見が圧倒的でした。そう思いますと、あなたも少しは人妻を見る目が変わってきませんか？

最後に、もう一人ご紹介したいと思います。

●T子さん（37歳）公務員・結婚歴12年・子供11歳・10歳

見た目は派手でもなく、色気が漂う小柄な女性でした。

「不倫率が一番高い、職場不倫ですよね。ダブル不倫ですか？」

「はい。所属部署が違うので誰にも気づかれずに8年続いています」

「長い年月の中で一緒になりたりとは思わなかったですか？」

「燃え上がった最初の2年は好きになり過ぎちゃって、とても苦しかったわ。でも子供もまだ小さいし、離婚に再婚と考えるととても踏み切れなかったの」

「そうね。でも年々気持ちが変わっていくのも不倫の特徴ですよね。詳しく聞かせてもらえるかしら」

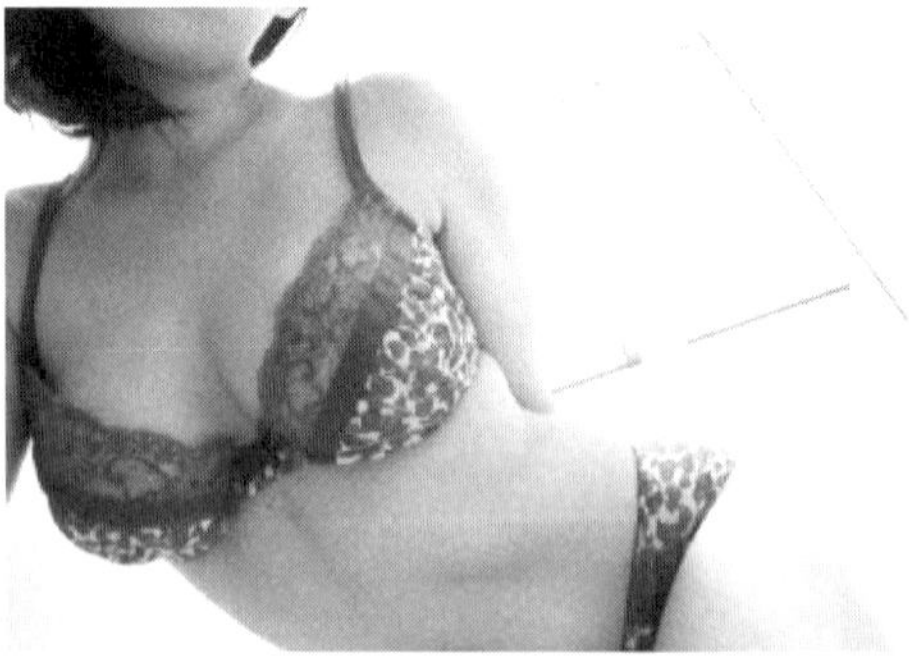

「4年、6年と経つうちに私は彼に何を求めているのだろう？　と考えたのね。最初は略奪ばかり考えていたけど、今では彼と過ごす安心感と快楽に溺れるセックスの時間があれば

十分だと思うの。きっとこの先も今の形を崩すことはないと思う」

不倫歴が長い女の行きつくところは、やはりセックスとなるのです。

たまに会うからこそ、オスとメスになれるのです。時々会うから、いつも女としていられるのです。

ほんとうは抱かれたい、したい……。それが女という性なのです。

♡女子のセックス観念

草食系男子がもてはやされた時代も過ぎ、肉食系女子！　と注目を浴びた人たちもいましたが、現在はどのような時代になっているのでしょうか。

時の流れとともに、同じ肉食でも年代別に変化が起きてきています。

定着しているのが、バブル時代を味わった40～50代の肉食系女子たちです。彼女たちは子育てもひと段落し、〝あのときの私〟が身体のどこかに残っています。

彼女たちは言います。

「あの頃は肉食系男子ばかりだったので、今でもそういう人を求めてしまう」

「激しいセックスが頼もしくて思い出すとまた身体が欲してくる」

バブル女が変わらないようにバブル男もそのまま突っ走っています。

バブル世代の肉食系男女たちは〝あの頃〟を求め、時代を再現したディスコに繰り出しています。

私も男友達二人と一緒に、MAHARAJA に繰り出してみました。

そこには時代が蘇る空間や、あの頃の人間たちが蠢いていました。懐かしいと同時に、くたびれている人と、まだ自分はイケてる！　といった感じの人たちが目につきました。

踊りながら輪に入っていき、彼女たちと会話をしていく中で確信したのは、やはり〝恋〟と〝刺激〟でした。

ただ踊ることが楽しい彼女たちも男の視線を非常に気にしています。そんな女たちを物色するように大勢の男が外野から凝視してハンターになっていました。無論、連れの男友達も好みの女をゲットしにきているのですからね。

今の女子たちは、ディスコといった派手な世界は知らず、クラブといったお洒落な雰囲気で飲むことを好みます。

バブル世代の元祖肉食系女子が産み落とした、若い肉食系女子たち。比較をしてみましょう。

【肉食的性質】

元祖肉食系……異性に対して物おじすることもなくガツガツいく。

若い肉食系……恋愛や趣味などに関わる行動が積極的。


【社会的背景】

元祖肉食系……結婚は永久就職とし、高学歴・高収入・高身長という3Kを主流にしている。

若い肉食系……社会進出に重きを置き、パートナーやビジネスの安定を求めている。また男性と同じレベルで、社会や家庭でも取り組む姿勢が積極的である。


【セックス観念】

元祖肉食系……男に求めるものはテクニック・持続力とし、ひたすら快楽を求める傾向にある。

若い肉食系……絶倫やテクニシャンではなく、センスを求める。


そんな彼女たちのセックス事情を見ていきましょう。

以前、『週刊SPA!』（扶桑社）で、【うっかりSEX】についてコメントをさせていただいた内容をご紹介したいと思います。

【春という季節は、ホルモン的な観点で言えば、ある意味〝発情期〟にあたります。春は再スタートの季節ですが、それは高揚感だけでなく、心身にプレッシャーをかけます。新入生や新卒は当然だし、異動して不安定なOLや会社を辞めたくて自暴自棄になる人も増えます。

人妻にしたって子供の入学式や旦那の異動・転属などで何かしらの変化が起こりやすい。そういった〝変化〟というストレスによって女性のメンタルが乱れやすくなります。それはつまり〝生理前〟の浮き沈みが激しい精神状態に似ていて、女性にとって生理前特有の〝ムラムラ〟にも似たものが、ずっと続いている状態なんです。

そんな精神的な不安定さを払拭したいためなのか、春は女性を行動的にさせるシーズンでもあるのです。

仕事が終わった後など、心がオフに変わり、飲みの席などで出会う女子たちは、精神がブレブレになっているのです。その状態でアルコールが入ればどうなるかわかりますよね。お酒で気分が高揚するのは男女共通です。うっかりSEXには必須アイテムといってもいいでしょう。男性が風俗に行きたいと思うのと同様に、女性も温もりが欲しくなりますからね。キスでもされたら断りきれずにそのままなし崩しになり……翌日のベッドで『あぁやっちゃった』と後悔するのです。】

そんな今どきの若い肉食系女子は、出会いを求めてさまざまな場所へと繰り出しています。コンパや用途で使い分けるＳＮＳの集い、お花見会場、昼飲み居酒屋など、人恋しくてたまらないと言います。

しかし彼女たちは〝謙虚さ〟も持ち合わせ、当たり前の基準値のハードルを高く設定しすぎるという特徴があります。

バブル世代の肉食系女子は、ご飯はもちろんのこと、すべてにおいて出してもらって当たり前。送迎もスマートにこなしてくれる男を選び、女王様扱いをしてくれる男に心が動く傾向にあります。しかし今どき肉食系女子は、割り勘が当たり前、欲しいものは自分で手に入れる。待ち合わせ場所も自ら提案するなど、真逆といってよいでしょう。

この謙虚さがバブル男には新鮮に映るようで、このような若い女子にハマる男が後を絶ちません。年の差カップルが目立つのは、そういった背景もあるのでしょう。

セックスについてですが、今どきの若い男子は性欲があまりありません。面倒くさいとか、恋

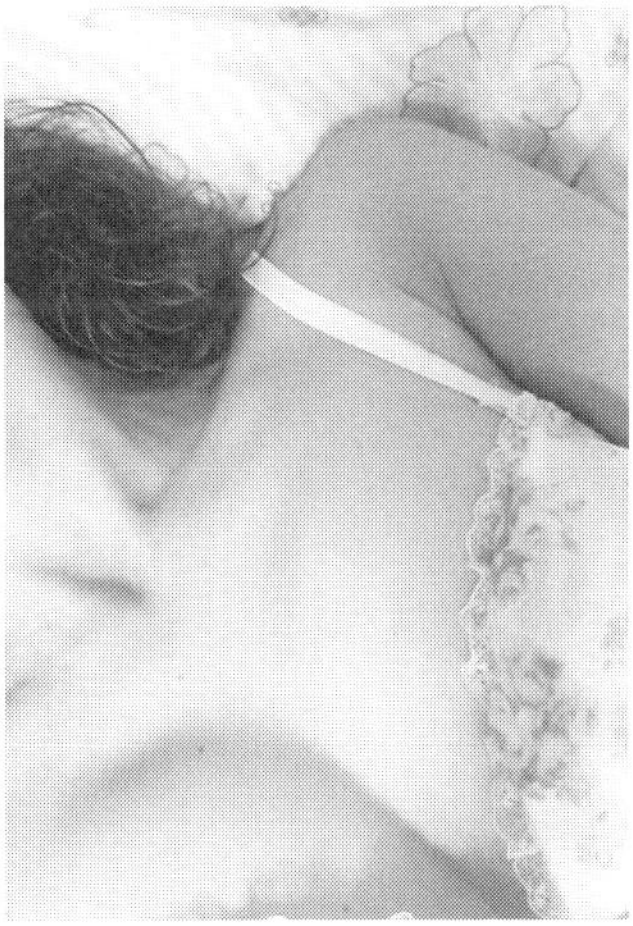

愛は精神的にも重いし、オナニーをしているからセックスをしなくても平気と言います。また振られて傷つくことを極端に恐れていて、回避するといった態勢をとっているのもあるのでしょう。

このような男に女は性欲を持て余し、〝セフレ〟を簡単に作ってしまいます。

何かの雑誌で3人に1人がセフレを作っているといったデータを見ましたが、彼女たちは手ごろに性の快楽に浸れる相手を求める傾向にあるのでしょうね。それこそ恋愛感情がなければもめることもないですし、都合のいいときにだけ呼び出せば男もホイホイとくるのでしょう。

あなたがセフレを見つけたいならば、彼氏がいる若い女子もいいかもしれません。

男も女への求め方を変えてみることにより、また違った世界が見えるのではないでしょうか。

♡不倫を好む30代女子の本音【未婚・既婚】

不倫という言葉を辞書で引くと〝倫理や人の道に外れること〟と記されています。たしかに不倫は良くない行為です。人を裏切る行為にほかなりません。しかしこの不倫という行為はそんなに簡単には語れません。

男性はもとより、女性は、浮気や不倫に走るとかなりのリスクを背負うわけです。それでもそういう行為をしてしまうのはなぜでしょうか。

その背景にある、恋愛とセックスという力を無視することはできません。

昔から「恋は盲目」と言われるように恋の力は偉大です。人は、どんなに我慢しても、好きな人ができるとそちらに行ってしまうのです。そして、セックスは、動物的に人間に埋め込まれた本能のようなものですから、こちらも偉大です。

どんなに我慢していても、女性がいいムードの中で感じ始めると止まらなくなってしまう。それが、英国の皇族であっても、米国の大統領であっても、そういうスキャンダルを起こしてしまうのは、彼女彼らも、そういう動物であるからですね。

しかし既婚者の場合、夫や妻が嫌いになったから浮気や不倫をするのでしょうか。

より新鮮な相手を好きになり、つい一線を越えてしまった。そこからはバレないようにひっそりと会うケースが多いように思います。とりあえず密かにセックスをする。その繰り返しをしていても、夫や妻と別れてしまわない人もいます。

実際に取材をしてみると、いろいろなケースがありました。

お互いの人生を変える恋もあれば、周りを巻き込む恋もあります。誰にも知られず一生涯不倫を貫き、幕を閉じる恋もあるようです。

私が、10年間の取材を続けていく中で、30代未婚女子というのは、ほとんどが不倫経験者でした。貞操観念もずいぶん時代とともに変わっていくものですが、これほど多いのかと痛感したほどです。

彼女たちは言います。結婚も半ば諦め、しかし男の優しさや愛に触れたくなったときに、既婚者という存在は非常に都合がいいそうです。

たしかに、自分が結婚していない女性の場合には、そうなってしまうのはわかる気もしました。まず不倫が悪いといっても、自分が生涯を約束した相手がいるわけではないので、罪悪感が少ないからです。まして、相手の男性が、「妻との結婚生活に満足していない、性生活に満足していない」場合には、「むしろ自分の身体を使って慰めてあげている」、「いいことをしてあげている」という気持ちになることができます。

私でよければ、いつでも挿れさせてあげる。そんな献身的な気持ちが芽生え、セックスはより一層、激しくなります。

未婚女性の場合、20代では結婚願望が強かったのに結婚に至らず、30代になってしまう人もいます。長くセックスを我慢している状態になると、「このまま一生、彼氏もいないまま恋愛もセックスも我慢しなければならないのか」と考えてしまう人もいます。

恋愛はともかく人肌が恋しい。そういう状態のときに、相手は不倫状態の男性であるけれども、食事をしたりデートをしたりできる。

いいときだけ一緒に居られて後は自分の時間を有意義に使うことができるので、割り切りができる女には、不倫というのは最適の恋となるのでしょう。

略奪したいという感情にならなければ、〃恋愛ゴッコ〃も楽しめるのかもしれません。

30代未婚女子というのは、かなりセックスしたくて仕方がない層に入ります。20代後半までと違って30代に入るとそれなりに焦りが出てきます。露骨な言い方をすれば、身体自体は、セックスを一生懸命に我慢し男性の性器が欲しくてたまらない年齢なのです。しかも親や世間からみても、10代、20代のときのように不自由ではなく、もう自分の好きにしていい年齢です。

あなたが男性で、もし未婚者ならば、遊びであれ真剣であれ、30代に入った女性というのは、気持ちのいいセックスをするのに格好な存在であると思いますね。

しかし、あなたがもし既婚の男性ならば、最も注意すべきなのは、30代未婚女性との不倫かもしれません。

ここで、厄介な経験をした男たちの事情をいくつかピックアップしてみますね。

●最初から「妻子がいるのにいいのか？」と念押しをして付き合ってみたものの、惚れられ過ぎて「家族に言ってやる」と脅される日々が続いて、ノイローゼ気味になってしまった（別れという言葉は出さずに、距離を置こうと何度も説得して、会う期間を空けたそうです。そうしますと女のほうも冷静さを取り戻したのか、自然に離れていったようです）。

●付き合いが3年を過ぎた頃、結婚をせがまれ断ると、毎日会社の前で待ち伏せをされるようになりました。（会社を首になれば、君とのデート代も稼ぐことができないなどと、あくまでも女性重視で愛しているといった演技を続けたそうです。その後は、親からのお見合い話で、あっさりと離れてくれたので助かったと安堵感を見せていました）。

●彼女が安全日だというので中出しをしたら妊娠してしまった。堕胎を懇願してみたものの、37歳という年齢だからと未婚出産してしまいました。（現在も妻には内緒で援助しているそうです）

なかには女の脅しと魅力に根負けし、離婚して未婚女子と再婚したケースもありました。遊びをするのならば、30代未婚女子とはかなり注意深くやらなければなりません。割り切りができていて、あえて既婚男を選択する女以外は、結婚願望を捨てきれていません。あなたを愛すれば愛するほど、あなたとの結婚生活を思い描いてしまうものです。

しかし依存度の高い女ほど都合のいい女として側に置いておけるのです。

すなわち〝キープ女〟ですね。セックスしたいときだけ呼びつけ、さんざんセックスして、用が済むと帰してしまうことができる女です。

キープ女たちは男を失うことを恐れています。「ひとりぼっちになってしまう、だったら呼ばれるときだけでも会いたい」と思うようになるのです。しかもキープ女たちは、ほとんどの場合、男に身体を開発されています。なかなか会えない分、濃厚なセックスをすることも少なくありません。

なかには犯されるがごとくに身体を求められ、身体中を好きなようにされいやらしい言葉を要求されソフトSMの実験台にされます。しかも何度もイカされて、それが病みつきになってしまい淫乱っぽくなっている女性もいるのです。

ひどい暴力を振るうような男は別ですが、優しさと愛情があるならば、セックス自体は野獣的になるものですし、どんなに日ごろまじめで清楚な女性でも、その野獣性を身体が求めています。口で優しく近づきムードをつくり、そういう気にさせたら、あとは身体がセックスに依存するようになる。そういう状態をつくることが、都合のいい女をキープするコツなんだとプレイボーイたちは知っているのですね。

男に都合のいいように弄ばれてしまうキープ女たち。彼女たちの特徴は、何事もはっきりと「イヤ」と言えないということと、相手を尊重するクセがあるなどです。プライドも高いせいか、自分が2番手、3番手とわかっていても誰にも言いません。なので秘め事は続いていきやすいといえます。

既婚者恋愛を望む、38歳の元キャビンアテンダントとの会話をご紹介しましょう。

「不倫慣れってやつかしら?」

「そうなの。フライトで海外が多いので、特定の人を作ると浮気をしてないか気になってばかりで……。実際、何回も浮気をされているから」

「そうなの。それで考え方も変わっちゃったのね。でも相手が既婚者だと、結婚には行きつきにくいわよ」

「それも承知の上で付き合ってる。うんと年上の人だと安心感もあるし、身の回りの世話も奥様がしてくれるのでとても楽なのよ。既婚者恋愛をずっとしていると、未婚者と付き合うのはとても煩わしくなるもの」

「そういうものなのかしらね。じゃ、もう結婚願望はないってことなの?」

「子供を産むという考えがなくなってから、結婚は必要ないって思ったの」

「セックスすると感じるの?」

「うん。すごく感じる。しかも、セックスしてから数日間は身体中が熱くなるほど。ずっと犯されているような感じになって、夜一人で眠るときも思い出しちゃう」

彼女と話していると、「自由でとてもいい恋愛」、「いいセックス」をしているように見えました。きっと結婚しても新しい恋を見つけていくタイプなのでしょう。

さまざまな女がいます。自由に男遊びがしたいので2番手を望む女。結婚という形に囚われたくない女など、何より既婚男は未婚男と比較して女にガツガツしていないので、女性にとっても安心できるのでしょう。

そこを居場所として居座ったなら、彼女たちにとって〝不倫愛〟というのは、最高の恋愛となるのでしょう。

次に既婚女子たちの不倫愛を見ていきましょう。

婚外恋愛をする彼女たちの大半は、結婚してすぐではなく結婚生活がマンネリになって、倦怠期に浮気をします。夫に女として見られていない不満、またその逆で夫を男として見れない不満、セックスレスという身体の欲求不満、話を聞いてくれないという精神的不満などが、浮気や不倫をしてしまう理由にあげられます。

子育てや姑問題など、ストレスを緩和してくれるはずの夫といいコミュニケーションがとれない妻たちも不倫に走ります。

趣味や食べ歩きで、あるいは女友達と発散している間はいいのですが、隙に入ってくる男がいようものなら、またたく間に恋に落ちてしまいます。

特に独身時代にモテはやされていた女性は、一人の男性だけの女になってしまうことに寂しさを覚え、刺激も幸せも少ないと感じやすい傾向にあります。安定というものが、幸せと思えなくなるのも特徴です。

結婚してすぐに浮気や不倫をする女性は少ないかもしれませんが、何年も地味な生活をしてしまうと独身時代のように思いっきり遊びたいという気持ちが出てきます。

夫とのマンネリなセックス、はたまたセックスレスを解消するために、セフレを求める既婚女子もいます。恋する男とのセックスは、この上なく刺激的なのです。

この逆バージョンで、妻とのセックスがマンネリで、自分を男として見てくれる女に恋をする既婚男が多いことは言うまでもありません。

求めるものが同じである既婚者同士の恋愛、すなわちダブル不倫。世に蔓延しています。この組み合わせというのは、肉体的愛情と精神的愛情が揃っていると勘違いをしているのです。たしかにセックスも満たされ、悩みも相談し合ったりと精神的にも安定しています。しかしこれは二人の世界の思い込みであり、〝疑似〟でしかないのです。偽りといってもいいでしょう。

その時間が楽しくて仕方がないのです。二人がヒーロー・ヒロインになれる時間だからです。何より責任を問われなくて済む関係、演じることも可能な恋愛模様。

「今日の君のあそこは、どうしてこんなに濡れているんだ?」と、いやらしい言葉を投げかけられた女の心は、男の意のままになっていきます。

♡熟女たちの身体はどうなっているのか

熟女とは何歳からを指すのでしょうか。大凡の統計では、40代以降と思っている人が多く、「成人を2回迎えているから熟女に入ると思う」という面白い女子の意見もありました。

私的には、もちろん年齢も関係してくるのですが、本当の意味での身体が熟している年齢から熟女と規定していいと思っています。

セックスを覚えると体形が変化していきます。10代の頃から比較すると、年代別に骨盤の広がりや脂肪の付き方など、神秘的に変化を遂げるのが女の身体なのです。

AV男優の加藤鷹さんとお話をしたときに「もう若い体は飽きた。今は熟女に興奮を覚えるよ」と言われていました。熟女の年代は精神的にも安心感や、若い人にない包容力があるのも間違いないですからね。

私も熟女の域に入っていますが、自分で熟女だなと思うときというのは、身体が完全に〝エロ〟になるときです。エロのスイッチも若いときと比較すると、断然入りやすいのも熟した身体になっているからなのでしょうね。

若い女の子を抱くときに男性が興奮するのは、まだ開発されていない未熟で敏感な反応、恥ずかしがる仕草、ときには嫌がる女性を強引に自分のものにしていくという過程にあるようです。こんな清純そうな女の子に、こんないやらしいことをさせる、ということ自体に対して興奮します。

いっぽうでタレントの壇蜜さんのような年齢から上になると、艶やかさ、女っぽさがふんだんに醸し出されますから、若さゆえの単調なピストン型のセックスではなく、まさに動物的な激しいセックスになります。

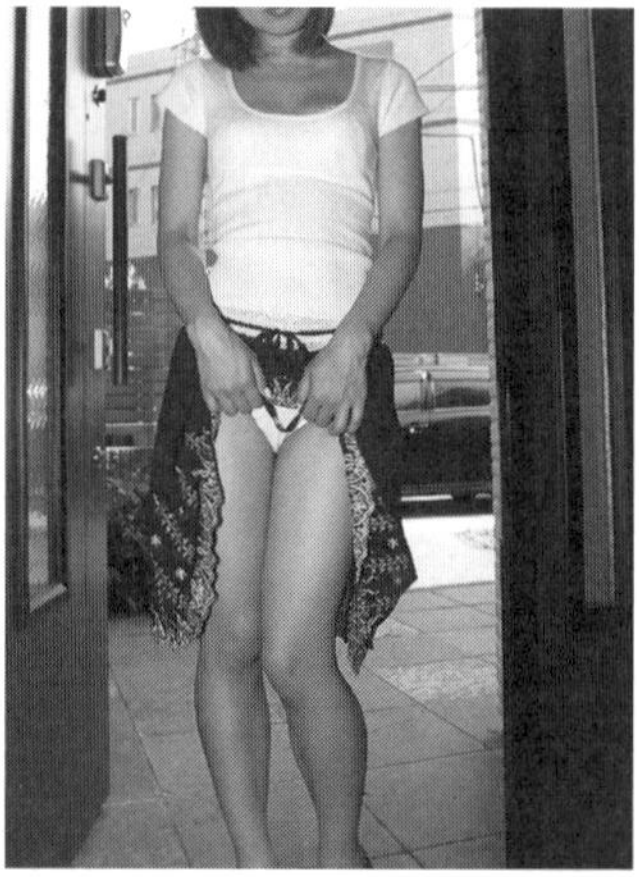

このように、セックス好きな女や、セックスを我慢している女の話を書くと、「わざと誇張して書いているのではないか」とか、「実態とは違うのではないか」という方もいます。でも、若い子から熟女まで、そんなに身持ちの堅い人ばかりで世の中が構成されていたら、インターネット上に、数多くの赤裸々な写真がアップされるはずもありません。大学生や主婦が、あまりお金にもならない風俗で働いてみたり、お金はまったくもらわないセフレになったりするのは、どうしてでしょうか。なぜこんな若くて可愛い女の子が、どうしてこ

んなに綺麗な熟女が、こんなにエッチな姿でセックスをしているのか、ということを考えてみるといいでしょう。

欧米系の美女のセックスは、大きな喘ぎ声と腰の振り方がハンパではありません。

そういう官能的な女たちは、実は、外ではクールにしていても身体的にはセックスなしでは生きていけない状態です。

「1週間に、5回はセックスしないとダメなの」という女性が世界中に溢れているのが現状で、「日本人はなぜ、セックスを我慢しているのか」と不思議な顔で質問されることもあります。

もちろん熟女というのはあらゆる意味で大人の女です。外から見れば常識のある美しい大人の女性ですから、口説くのも簡単でないように思えてしまいます。

たとえば、あなたが27歳だとして、とびっきり美女の35歳の女性がいたとします。あるいは、壇蜜さんよりももう少し年上の色っぽい女性がいたとします。年齢が自分より上の女性はなかなか口説きにくいのではないでしょうか？

それは精神的にも自分が子供扱いされてしまうという怖れを感じることもあるでしょうし、実際に相手が知識的にも、あるいは社会的な地位も上の場合には、なかなか手が届かないと思うこともあるからです。

しかし熟女たちは、「セックスに飢えている」状態、つまりセックス飢餓状態に陥っていることがあるのです。

このような女性を口説いてホテルに誘い込んだところ、ペニスをくわえて離さないほどフェラチオを続け、女性上位のセックスに導き、腰の振り方もすごかったなどという体験談は数多くあります。アダルトビデオの場合は、もちろん演技もあるわけですが、セックスに飢えている女性の場合は、完全に本気なのですから、アダルトビデオ顔負けの状況があった、というのも頷ける話です。

熟女の場合でも、あまりに長くセックスをしていない人や、縁遠くなってしまっている人は、口説き落としてセフレになろうとしても難しいかもしれません。

でも相応にセックスをしてきて男と別れて数年というような人は、熟女ハンターの男ならば見抜けるといいます。

飲んでいても、すぐに昔付き合っていた男の話になる女性は、身体がセックスを求めている証拠だそうです。話し相手だけでなく、身体の相手を求めているのです。

いいセックスをしてきた女はお肌に艶もありますし、体形にも気を使いエロな体を維持しようとします。何より恋をすることにより女磨きに余念がありません。それを見抜くことのできる男がいて、それを見抜かれたい女がいるということなのです。

ひとたび男に調教されセックス好きにされてしまうと、女はみちがえるほど美しく色っぽくなります。

男ができると女は変わるなどと言いますが、もっと具体的に言うと「男性器、つまりペニスを挿入すると翌日から女は変わる」のです。これは単にエロなお話ではありません。女の身体が、そういうふうにできているからだと思います。

自分でも実感できますが、他人を見ていてもそれは明確なことです。

逆に、そのセックス体験がまったくないと、少しずつ女は地味になってしまいます。

セックスをするとお肌の調子がいいとか、それはドーパミンという神経伝達物質やエストロゲンという女性ホルモンのせいだなどと専門家も分析しているように、女性自身の身体が、男性との結合を求めているのですから、我慢している女性に「挿れてあげる」ことは社会貢献のひとつだと言っても過言ではありません。

あなたの言葉や愛、そしてセックスで、女性が変化するのを楽しみのひとつにすればとても自信がつくのではないでしょうか。

今の若い女子というのは、SNSの普及などで、セックスに関してかなりオープンになってきています。病気は大丈夫？　と心配になるほど、簡単に股間を開く女子が後を絶ちません。

逆に、若いときをアナログの時代で過ごした熟女たちというのは、溢れかえった今の情報に興味を持ち、風俗街のカラオケバーや相席バーなどに出会いを求めています。さらにセックスフレンドを持とうものなら、SMクラブなどにも関心を持ち足を運んでいます。そのままハプニングバーへなだれ込むといったことも楽しんだりしているのです。

そこで『おとなの流儀』（ＫＫベストセラーズ）で、〝本当に感じるオーガズムとは？　男女の脳や心理の性差を知って「キス」「愛撫」「挿入」を極める！　閉経前後に変化する女性の心理も探る！〟の企画で、コメントをさせていただいた内容をご紹介しますね。

♡さまざまな快感を知り尽くす熟女とのセックス手順とは？

【熟女だから、こんなセックスをしなければならないと頭で考えるのはＮＧです。熟女を抱くことで一番大切なのは、〝直感〟です。

熟女の身体というのはさまざまな快感を知り尽くしていますので、脳へと最高と思える快楽を伝えることは簡単にできてしまいます。そんな熟女とのセックスには頭で考える手順ではなく、〝欲情〟〝性欲〟をありのままぶつけることで子宮の奥底から感じ取ってくれるでしょう。

そんな女性たちを本当に感じさせるには、具体的に、どのような手順でセックスをしていけばいいのでしょうか。まずキスからです。

男性の第一の目的は、〝挿入〟次に〝射精〟です。

キスというのは面倒くさい行為と思っていませんか？　たしかにキスはしなくてもセッ

クスはできるのです。しかし女性は『どれだけ私を愛してくれているのか』というところから入りますので、キスは外せないのは当然のことです。愛している男の唾液さえ飲み込みたい衝動に駆られる、大切な行為となりますからね。】

♡熟女が求めているのは、時間でも摩擦でもない

【キスの次は愛撫となりますが、男は女性が感じる部分だけ（クリトリス・乳首）を時間をかけて舐めたり噛んだりすれば、満足するだろうと思っています。

しかし女性が望んでいるのは、そのようなマニュアル的な愛撫ではないのです。

髪の毛をなでてもらいながら優しいキスをされたり、快感スポット以外の肌をなで回されたりすることにより、性器だけではない愛情を感じます。

後々それらの行為がエクスタシーへと導くので、欲望は封印して、『女性はどのようにしたら感じるのか？』ではなく『どのようにしたら悦ぶのだろう？』と考える前戯をすれば、愛撫の達人となれます。

そして最重要の〝挿入〟。男の多くは、いろいろ体位を変えたり、長時間ズコバコすることが、女性の望む挿入だと思っています。だからこそ早漏に悩む男性は非常に多いのでしょう。

オナニーしかりオナホールしかり、男性は〝摩擦〟が大好きです。

その中で一番気持ちいいのが女性の膣の中なのです。膣の中で、長時間摩擦できる人とそうでない人とさまざまですが、女性が求めるものは時間でも摩擦でもないのです。いかに昇りつめていくエクスタシーの過程で満足できるかということなのです。

某教授の性科学セミナーの報告によりますと、女性の性交希望時間は16〜17分だといいます。挿入からオーガズムに達する時間を考えると、平均的な持続は欲しいが、だらだらと長い摩擦だと女性も疲れてしまいます。

ゆっくりとした摩擦で時間をかけ、昇りつめるに従ってスピードアップしていくというのが、熟女が求める快楽なのです。

強弱をつけたり、深く浅くとペニスの摩擦を工夫していくことで、オリジナリティのある摩擦ができます。

それには体位も関係してきますが、アクロバティックな体位で女性が感じるという間違った思い込みは排除したほうがいいですね。あくまでも女性は、愛ある摩擦・挿入を望んでいます。そのためにはピストン運動をしながら、手は女性の身体に触れ、愛撫することを忘れてはいけません】

♡会った瞬間から女性はセックスを意識している

【そしてエクスタシー。男性は射精することで簡単に得られる快楽ですが、射精直前の激しいピストン運動で、女性もGスポットなどが激しく刺激され絶頂を迎えるのですが、それまでの快感により絶頂感の深さが変わってきます。

さらに心のエクスタシーを射精前にどれだけ女性に与えるかでも、まったく違ってくるのです。

女性のエクスタシーは総合的な心と身体の快感の度合い・割合。ゆえに、女性はハートから入るセックス（前戯も含め）が大切なんです。

極端にいうと、女性は会った瞬間からセックスモードに入っていると思っていいです。なので第一印象は重要。抱かれたい男になるためにも、身だしなみには気を遣ってください。

熟女の生理をしっかり理解し、ハートから入るセックスを実践する。それこそが、絶頂へと導く最短ルートなのです。

ちょっといつもと違うセックス、ちょっといやらしいセックス、この〝ちょっと〟の変化が意外に萌えます。すべすべしているのでちょっとお尻をなで回してみた。表情がエロいのでちょっとほっぺたを噛んだ……。

何でもいいのです。パターン化を回避することで性感帯もさらに敏感になり、女性の心までエロくすることができます。すなわち心がエロになることで、濃厚なセックスができます。

男根による『お注射』が、女を変えるのです】

長い人生の途中、素敵な熟女と恋に落ちるのもありだと思いませんか？

♡わたし、疼いています（体験談）

女には、大きく分けると〝軽い女〟と〝慎重な女〟がいます。今回、セックスがしたくてたまらなく、性欲が溢れかえっている女たちをご紹介します。

まず、タイプ別に特徴を見てみましょう。

●軽い女……何事も雑で、衣類や靴が汚れていても平気な性格は、股を広げることにも抵抗がありません。また自己評価の低い女もコンプレックスを抱えているせいか、セックスをすることにより「自分は愛されているんだ」と認識する傾向にあります。

その他にも、やたらに髪を触る仕草で、セックスをして！　オーラを出しています。この仕草は一番わかりやすい典型的欲求不満の〝軽い女〟の特徴ですね。

●慎重な女……男慣れしていない女は、すべてにおいて警戒しますので、男の一語一句や仕草にも反応を示します。賢い女は男に主導権を握らせ、自らアプローチはしてきません。

また上目遣いや、やや露出のある服を着るものの、何事も〝やりすぎ〟にならず、しっかりと男を観察しています。

両者とも表現の仕方は違いますが、セックスしたくてたまらない人たちをご紹介しましょう。

●Mさん（39歳）工場事務勤務・バツ1

4年前に離婚をしてから、セックスに不自由する日々を送っていました。そこで男ばかりの職

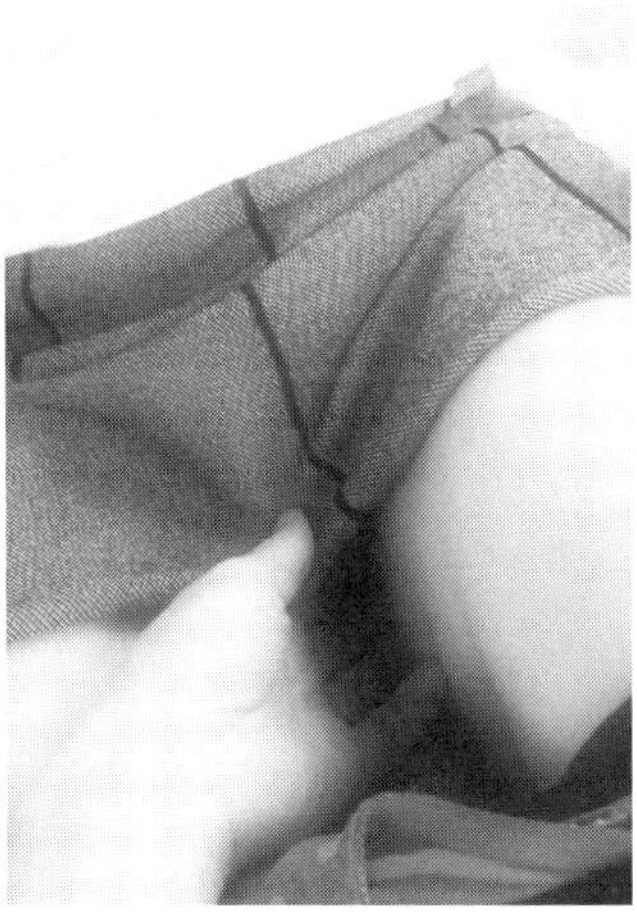

場をあえて選択したそうです。

工場で働く男たちは内勤という規則があり、社内に刺激を求める傾向にあります。そこに少しでも可愛らしい女子が入ってこようものなら、独身の男なら取り合いになることもあるそうです。

この現象はどの会社にも当てはまることですが、男女比の差が大きいほど、モテ女子になれる職場となるのです。

Mさんはロングヘアをアップにしていて、うなじのセクシーさをアピールしているようで、この3年間ですっかり身についたというナンパ。

工場内でタイプの人を見ると自分から声掛けをし、誰にもわからないように連絡先を交換して、必ず飲みの席に誘導するようです。そして次回に持ち込むといったことはせずに、そのままホテルへとなだれ込む。ナンパをする男と変わりないですね。

セックスの相性が良ければイイ女を演じて、次のセックスに繋げるそうです。しかし相性が悪ければ、彼氏ができたとウソをついて関係を終わらせる。

工場と事務所は頻繁に顔を合わせることもないので、居づらくなるといったことはないと言います。そしてまた同じ工場内の男を物色し、欲求不満を解消している日々のMさん。

セックスをしない日は、子宮が疼いて仕方がないと言います。

●Sさん（45歳）美容師・バツ2・子供3人

7年前に離婚し、子供たちも手を離れてからというものは、週の半分は飲み屋街に出かける生活をしているそうです。そこで知り合う人でも、遊ぶ人は厳選していると言います。

Sさんの条件は、まず60歳以上（後戯の楽しみ方を重視する）、お金持ち（洋服などを買ってもらえるメリット）、高級車に乗っている（女慣れしている可能性が高く、遊び方も上手）などといった条件で、会話を楽しみながらセフレを探しているようです。

そのセフレは、多いときで6人というので驚きます。

身体はもっとしても、時間の配分が難しいのではないかと思います。しかしそこは相手もセフレと割り切っているので、ホテルで待ち合わせをして事が済めば別れるといった感じだと言います。

愛のないセックスを求めるということは、本当の欲求不満だと自分でも言っていました。愛はあるにこしたことはありません。また、愛がないセックスはどこか寂しいものです。しかし、身体がセックスを求めているのですから、身体を満たすためのセックスをすべて否定することもできないのです。

やはり飲みの席というのは、アルコールの力で解放感もあり、話も盛り上がるので〝ノリ〟でセックスをするといった女子は後を絶ちません。

身体が疼いて仕方がないという多くの女性を取材していて思うことは、たったひとつ共通点がありました。それは寂しがり屋だということです。続いて、生理前のムラムラする時期だけ男性を呼びつける人も多くいました。

そしてセックスの良さを教えてくれた男性と巡りあった女性は、セックス中毒への道に入っていきます。すなわち、味わったことのない快感と快楽ですね。

エクスタシーを何度も与えられ、その男の身体が忘れられない。そして、何かをきっかけに別れてしまった後も、また同じような男性を探す傾向にあります。何人もの男性に手を出す女性もいます。思うような相手が見つからなければ、複数同時にセックスをしてでも、そのときの快楽を求めようとするのです。決して褒めたものではありませんが、セックスをしたい、我慢できないという女性は、想像以上に多いということです。

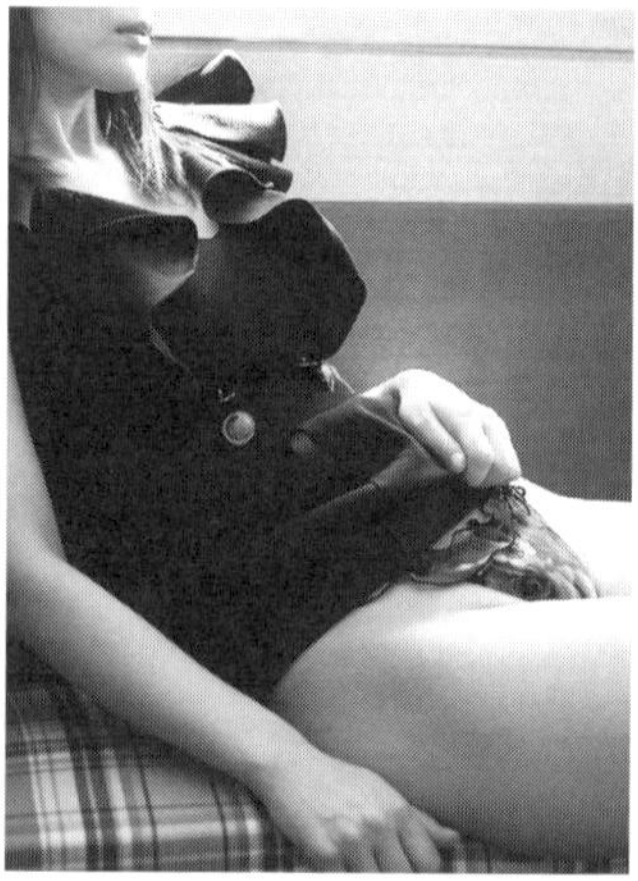

本当の意味で開発された女性の身体は、男性のペニスを忘れられなくなっているのです。そして淫乱な女性へと変貌を遂げる人もいます。

また、開発してくれた男性と別れた後、セックスをする機会がずっとない女性は、オナニーに耽り満足する傾向にあります。

オナニーを頻繁にしている女性は、疑似セックスをしているわけなので、肌の艶もよく、色気を保っています。そういう女性は、前にも書いたように、自分でセックスのストーリーを妄想し、オナニー中毒、あるいはオナニー依存症になっていたりします。

しかし妄想は妄想で、ほんとうは、モーターのついた機械ではなく、本物の性器を求めていると思います。

そういうオナニー依存症に陥った女性は、たとえ警戒心が強くても、ある境界を超えると、一気に男にのめり込んでしまいます。

「わたし、疼いているの」という女性を見つけることも、男性の楽しみのひとつだと思います。

「セックスがしたい」ではなく、「疼いている」女性は、子宮の底からペニスを求めています。膣の濡れもよく、子宮も盛んに動いているのでしょう。

取材を通してまとめたデータから言いますと、子宮が疼くセックスを求めるのは20代ではとても少なく、35歳以降の子供を産んだ経験のある女性が圧倒的でした。特に45歳を超える熟女たちは、淫乱域に入っているのだと思いました。

第3章

思いっきりセックスしよう二人が病みつきになるセックスとは？

♡歪んだ愛にこそ、真のセックスが存在する

ここまでは、「セックスをしたいのに我慢している女性たち」について書いてきました。

そしてここからは、そういう女性とすでに付き合っていて、あるいはこれから付き合って、どういうセックスをしたら、より感じ合うことができるかについて書いていきます。

まず、してはいけない相手とのセックス。これほど興奮するものはありません。人は秘密を隠そうとすればするほど萌える生き物なのです。

不倫については、今でもよく週刊誌でバッシングされています。自分が結婚していれば、その相手を裏切る行為ですし、相手が結婚していれば、その配偶者から奪う行為ですから、それがバッシングされるのは仕方のないことでしょう。

ただ面白いのは、相手が浮気をしたら火がついたように怒る人でさえ、自分がいい相手と出会ってそういう環境になったら浮気をしてしまう。なんて自分勝手なんだろうと言われるようなことが、頻繁に起こっているということです。

そして、そういう「いけない恋」、「許されないセックス」は、男と女に、とてつもなく感じるセックスを提供してしまうのです。

いけないからこそ、萌える。悪いことだとわかっているけれども止まらない。それが、感じるセックスの本質なのですね。

たとえれば、恥ずかしい姿はだれでも見せたくないのに、恥ずかしい姿だから萌える、というのと同じかもしれません。

禁忌というのは、決してやってはいけないタブーを指しますが、タブーであるからこそスリルがあり、スリルがあるからこそ、萌えるのです。性というのはそういうものなので、変質的な性癖は犯罪にまで達してしまうのでしょう。

不倫というものは、道徳的にも法的にも許されるものではありません。しかし、恋をするのはもっと自由でいいじゃないか、と考える人にとっては、そのハードルはかなり低いのだと思います。

たとえば、ダブル不倫。そしてお互いに彼氏、彼女がいるにもかかわらず、2番目の彼氏、彼女といった関係を、かなり割り切ってやっている人たちのセックスは、特殊なメンタルに支えられているのです。

自分の抱いている女が、他の男の所有物である場合。あるいは、自分を抱いている男は、他の女のものである場合。もし、このセックスがバレてしまったら、とんでもないことになる（パートナーからの攻撃、家族を失う、賠償責任が生じる、社会的地位を失う）という場合。そういうリスクの中で、萌えるセックスをするというときに、男や女は、どんなことを考えるのでしょうか。

また、自分だけの相手ではない、そして自分だけの身体ではない、知らない同性への優越感や勝者的気分に支えられているセックスというのは、いったいどういうものなのでしょうか。

経験者の話を男女別にまとめてみましたので、見ていきましょう。


【男の意見】
①女に挿れ続けている間、女の旦那に勝った気になる。
②悶える顔を見る度に、この女を淫乱にできるのは俺しかいないと思い、優越感に満たされる。
③彼氏では経験したことのないＳＭをしてあげ、大人の自分を与えてやれる満足感に酔いしれる。
④激しく突けば突くほど、他の男のセックスを忘れさせたいという思いが強くなり、自分への挑戦の連続になる。
⑤唾液や精子を、大量に飲ませることで、妙な征服感を得る。

【女の意見】

①全身をくまなく舐めることで、他の女の影を忘れさせたいと必死になってしまい、嫉妬心が顔をだし、その分、夢中になれる。
②フェラチオを丹念にし、彼がイキそうになるまで気持ちよくさせてあげる。自分から離れないように、テクニックを磨き続ける。ペニスをくわえて離したくない気持ちになってしまう。
③少々嫌なことでも受け入れるように努力をし、彼の奴隷になりたいと思う。
④ペニスを手でしごきながら、アナルまで丁寧に舐めてあげて、愛情を伝える。
⑤ベッドではとにかく淫乱な女を演じて、彼を興奮させる。

その他にも、「セックスが良すぎて略奪したくなる」というのが、女に多かった意見でした。人のモノ……と思うと、独占欲が出てしまうのは男女とも共通しているのでしょう。

故に興奮という道への拍車がかかるのも否めない気がします。

特に男というのは闘争心が潜在的にあるので、

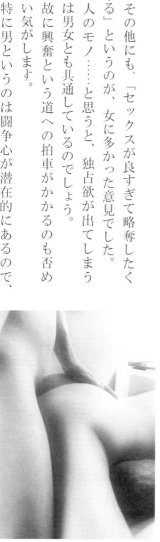

セックス中はひたすら勝者となる時間なのでしょうね。そんな男の愛し方に女も更なる興奮を覚えていくので、2番手という〝位置づけのセックス〟には、深い快楽が待っているのも間違いないようですね。

しかし、ここで男女の差が生じるところがあります。それは感情です。

男は、責任も少なく究極のSMを試してみることも可能な、不倫相手とのセックスを楽しみます。しかしどこかで感情移入をセーブして、いざ問題化しそうになると関係を切って逃げようとする傾向があります。つまり、不倫相手とのセックスは最も刺激的な遊びであって、それでいろいろなモノを失うならば、またマンネリ化した奥さんとのセックスに戻るわけです。

しかし女の場合は少し違います。一番手に肉体的にも精神的にも不満があるから、浮気をするのです。だから帰っていく男を許せません。「私とこれだけ愛し合ったのだし、もうあなたの身体から離れられないわ」と、感情がドップリと入ってしまうのです。

私の感覚では、このような関係では、7対3で女のほうが男を追いかける傾向にあります。抱かれれば抱かれるほどに、男への執着心は募っていきます。

もしあなたが、彼女の性に火をつけたなら、あなたが彼女の理想の男ではなくても、あなたのセックスがクセになるのです。

ダブル不倫というのは、一つの例です。傷つく相手もいることですから、私が推奨しているわけではありません。とかく、「女は火遊びを求めている」などと書くと「それは男に迎合した妄想」というような批判をされますが、そういう刺激を求めている女性もことのほか多いのではないか、ということなのです。

不倫は推奨しませんが、そういう女性とそういう関係になってしまったならば、更なる〝セックスの達人〟になる遊びを入れてみてもいいでしょう。

これは、不倫でない彼女相手でもできることですが、セックスをして、その味を存分に与えて、セックスをクセにするコツについて、お伝えしておきたいのです。

まず、最初は本当に優しく、そしてとことん焦らして、女が本気になったら、少し叩いても噛んでもかまいませんので、とにかくイカせる。そして終わったら心から優しくしてあげる。これに尽きるでしょう。

男も2度目、3度目に繋げたいなら終わった後に優しい言葉をかけてあげてください。

そして終わった後こそ、素敵なところに連れて行ってあげましょう。

セックスの達人には終わりはないのです。

♡ドSな男に魅かれる女たち

Sな男は、男全体の約8割、Sな女は女全体の約3割、というアンケート結果を基にしてお話ししていきますね。

S（サディスト）とは、相手に精神的・肉体的に苦痛を与えることで、性的満足を得る人で、M（マゾヒスト）とは、Sの反対で、精神的・肉体的に苦痛を与えられることで、性的満足を得る人のことを指します。

あなたが男性だとして。あなたは8割のSですか？　それとも残り2割のMですか？人は皆、割合の差はありますが、SとMのどちらも持ち合わせています。表裏一体と言ってもいいでしょう。

私は典型的なMなのですが、しかし性格は攻撃的であり、気性も荒く、男みたいな性格をしています。しかしこれが不思議に愛する人には極端にMな性格になるのです。

セックスをしている最中には、偉そうに言われることに快感を覚え、「はい」と言う自分が好きなのだと思います。

偉そうな言動なのでSとも限りませんし、とても物腰が柔らかい人でも、セックスになると豹変することもあります。

恋愛関係においては、支配や服従といった精神的な面も大きく関係してきます。

あなたが今までに恋愛をしてきて、うまくいった相手、すぐに破たんしてしまった相手との関係を比較してみてください。きっとSとMの相性に相違があったのではないでしょうか。

S同士だと、どちらも主張が強くなりがちで、譲る＝負ける、と思いがちになるので、S性格にとっては面白くない相手と映ります。

M同士でも、どちらも譲り合うので、どちらかがSの役割に回るといった器用さがない限り、これもうまくいきません。

SとMの組み合わせは、やはり長続きをする要素がいくつもあるようです。そしてその差が激しいドS・ドM同士なら、更に引き付けあうパートナーとなるでしょう。

性格のみならず、セックスにおいてのドS・ドM同士なら、なおのこと。

男が女に、恥ずかしいことを強要し、命令する。

「マンコを見せてみろ」と言われた女が、ドMならばこそ、その言葉が女の快感にも変わり、陰部を女が自分で開いて見せ、そこからは愛液が溢れ出ていることでしょう。

しかし、ドMでない女性の場合には、そのように調教するには時間やテクニックが必要となりますし、失敗すれば単に男は「変態」の烙印を押されてしまうのです。

つまり、ドS・ドM同士なら成立する言動も、そうでなければ単なる女性蔑視、セクハラや痴漢行為に終わってしまうこともあるわけです。

しかし、私が感じるところでは、7割の女性はSの男性を求めています。

つまり、セックスで縛られたり叩かれたりと、苦痛に対して〝快〟を感じる可能性の高い女性が多いのです。

それを男は興奮の応酬と捉え、お互いが快楽へと変わっていくのです。

痛みが快感に変わっていくという甘受の世界が、女の悦びでもあるのです。

そこでM気質の女性が魅せられるS気質な男性の特徴を見ていきましょう。

○何事も決断が早い。
○行動力がある。
○相手に、「好きだろう?」と口に出し、誘導をする。
○女に対して、厳しく冷たく振る舞いがち。
○性格的に自由奔放で、エネルギッシュ。
○相手に何かをしてあげようという性格をしている。

など、女から好かれる要素をいくつも持ち合わせています。すなわち、モテる男なのです。

しかしS気質を持っているにもかかわらず、なぜモテないのだろう? と思う男は、性格的になんらかの反省点があるはずです。後は、モテる男を独占したがる女性は、モテない男性を選択しません。

あなたがS気質であれば、上手に生かすことでモテる男性へと変身を遂げるのです。

そして愛を育んでいきたいのならば、M気質の女性を探すことです。
次にM気質の女性を見ていきましょう。

○表情の割合（SはキリリとしていてMはほんわりとしている。観察していて、その割合が高いほうで判断する）
○会話で見分ける（Sは自分の意見をしっかりと伝えるが、Mは何を考えているのかわからないところが多い）。
○性格を見抜く（Sは自尊心が高く、Mは服従願望が強い）
○髪型を見る（Sはおでこや眉を出したりキリッとした髪型を好み、Mはゆるふわ感のあるエアリーな髪型を好む）。

女性がSなのかMなのかを見分けるには、小一時間も会話をしていたらわかることでしょう。もし相手がM気質で、自分のタイプの女性なら、グイグイとS気質を出してアタックしていきましょう。強引な男に弱いのも、M女の特徴です。

M気質な女性がハードなセックスを求めているのに、たまたま彼氏がいないときは、激しいセックスの夢を見たり命令されるような激しい行為を思い浮かべてオナニーをしていることがあります。

ドMな女性は、男に少し乱暴に犯してほしいわけですが、いい彼氏がいないと我慢するしかないのです。そのような女性は、いいムードになるとすぐに下半身が湿りはじめ、ほんとうはすぐにでもホテルに行ってセックスしたい状況になっていることもあるのです。

見分ける方法として、さりげなく、性格的にSなのかMなのかを聞いてみる方法もありますね。

もちろん、セックスにおいてM女だからといって、SMプレイを好むのかというとそうでもない場合も多いので、度が過ぎない程度のソフトSMから始めてみるのをお薦めします。軽く手を押さえつけてキスをするなど、道具を使わない行為が好感をもたれます。

セックスを極めているM女には、様子を見ながら楽しむのもいいでしょう。

女の多くは、大なり小なりSMに興味をもっています。手やアイマスクで目隠しをされると、五感のうちの視覚が奪われてしまいます。

「私のどこを見られているの?とても不安だわ」と内心不安になるものの、何をされるのかわからない期待もあって、いつもより感じる状況になります。女性の口の中は、興奮で乾いてしまい何度も唾を飲み込むようになります。

何も見えないということは、人を大胆にさせてしまうのです。吐息はいつもより大きくなったりしますし、男性が肌に触れる度にひどく感じてしまうのです。アイマスクをして、乳首を吸われたときには、唇の柔らかさに身体が溶けてしまいそうになります。その唇が今度は下半身に降りていくと腰をねじって反応をしてしまうのです。

アイマスク一つで、そこまで感じ方が違うのですから不思議ですね。

唇だけの感触に集中していたら、突然に指がクリトリスを刺激し、女性は「あぁ〜ん」と、絶頂のような声を出すでしょう。視覚を奪われたプレイは、女性からすると、普段のセックスとは違った快感が襲ってくるのです。

セックスを長年我慢していた女性に、ソフトではあるけれども刺激的なセックスを、何度かしてあげると、その快感は、その女性にとって身体が忘れられないものになるのです。

レイプをしたり暴力をしたりすると女性の身体や心には傷しか残りませんが、このようなソフトでもS的なプレイは、まさに彼女の性を支配することができるかもしれません。

ほんとうの調教とは、快感を与えながら、女性をエロチックに仕上げていく作業ですから、勘違いして痛いだけの暴力を振るったりしないでくださいね。

ほんとうの快感を与え、言葉とプレイで何度も女性をイカせると、女性の感じ方が変わってきます。これはパブロフの条件反射と同じことが起こるためです。

ある言葉を投げかけたときに、女性が快感を覚えるようになると、その言葉を聞くだけで女性は濡れるようになり、陰部が開くのです。

アイマスクを使ったプレイで、ほんとうに女性が何度もエクスタシーを感じる経験を繰り返したならば、「アイマスクをつけてごらん」と言われるだけで、スカートの下のパンツの中では、クリトリスが硬く尖り、膣口が開き、愛液が滲むようになるのです。たった一つのアイテムで、かなり高いレベルでの調教となります。

長くセックスを我慢してきた女性が、じりじりと責めるような男に出会った日には、まず身体が離れられなくなってしまいます。ＳＭが良い行為だとまでは言えませんが、ＳＭ的な行為が彼女を性の虜にしてしまうことはあるでしょう。

また、前述のようなアイマスクを使ったプレイでは、男性も女性の興奮する姿を見るだけで、いつもより興奮度が増すでしょう。また男性は女性に見られていないので、じっくりと女性の身体のさまざまなところを観察して、好きなことをできますし、オマンコを見て触ることだけでも男の悦びとなるのではないでしょうか。

ＳＭというのは、本能的に興奮するというところに行きつくような気がしますね。

第4章

心で抱いて、身体で抱きしめる

♡心に身体がついてくる。身体に心がついてくる

あなたは中折れを経験したことがありますか？

途中で萎えてしまったり、興奮度が下がったりとする男性は結構いるのだと、取材を通して思いました。

特に40代では、「イキ方が毎回違ってくる」、「快感に納得ができない」など、何かしらセックスに対しての違和感を覚えている人が数多く存在していました。

これらの人は、セックスを極めてきたという共通点があり、妥協を許さないという特徴があるようでした。

セックスにおける百戦錬磨を目指し、今あるセックスのあり方では満足することはないのです。それは永遠に続くのだと思います。

男性はどうしてもモノが勃たなければ、男としての価値がないと思いがちですが、女はそこを重要視していないということをわかっていない男性の多さに驚かされます。

たしかに女性の本音というものもあります。そこで女性たちの声を聞いてみましょう。

○持続力も大切だけど、長すぎるとセックスそのものが嫌になる。

○中折れされると、私が悪いのかしらと気になって仕方がないの。
○ピストン運動そのものより、後戯を大切にしない男が多い。
○若い子に多いのですが、自分本位の自己満足に酔っている男が目立ちます。
○プレイ的な時間よりも、愛を確かめ合う時間と思ってほしい。

など、女性が求めるセックスとは、あなたが思うセックスと異なっていませんか？

つまりセックスを感じているときは、もちろん女性は男性器を挿れて欲しいと思い、ときには我慢できなくて「挿れて」と言います。でもそれは、女はいつも「挿れて欲しい」のではないのです。ここに大きな勘違いが生じます。

セックスを我慢している女性はたくさんいますが、そういう女性を含めて、みんなが、「男性器、すなわちペニスを無理矢理にでも挿れられれば悦ぶ」わけではありません。

女性はハートから入るセックスを求め、ハー

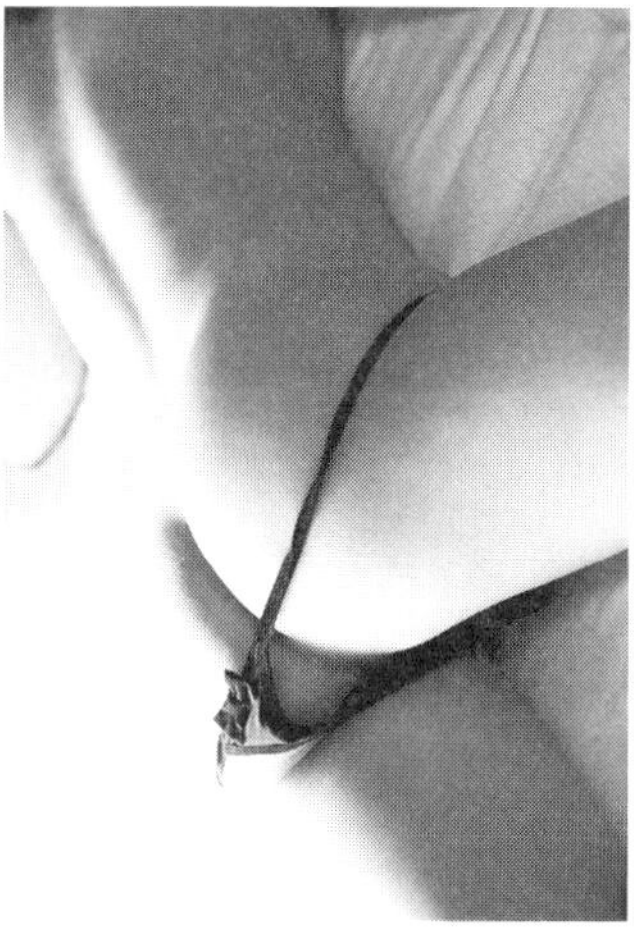

トありきのセックスに満足感を得ます。少しでも愛が覚めてしまうと、いくらセックスの相性がいい相手でも感じ方は下降していきます。

よく「強引にでもセックスすれば、その女を自分のモノにできる」という男性の勘違いが話題になりますよね。レイプをして、その女性をモノにしたつもりになる人は、そういうセックスしかできなくなっているのでしょう。

ドＳとドＭであっても、そういうプレイに行き着くのは、お互いの納得、コンセンサスが必要ですよね。

冷めた愛、一方的なセックスで、今まで感じたことのない〝分離〟を経験したことがあります。これはとても不思議な感覚でした。

身体は愛されているのに脳が怖いくらいに冷静なのです。すなわち、下半身だけがまるで他人の身体に感じ、操られているという感覚になり、上半身というか、脳は自分だけの感覚で冷ややかなのです。

完全に上下の身体が分離しているのです。そこにはもう心なんて存在しません。下半身は完全なモノとなっているのです。

あれだけ激しく求め愛し合い、最高のセックスをしてくれた人なのに、気持ちが冷めたというだけですべての快感を奪われてしまいました。

ですので、身体がセックスを求めて制御できないということもありますし、感じすぎて正常な判断力を失うということもあるのですが、その逆で、気持ちが冷めてしまうと、「どんなことをされても感じられない」ということもあるのです。

これは食欲にも似ていますね。失恋やお金の問題や、すごく嫌なことがあると、食欲もわかない、何も食べられない状態になることがありませんか？

女性はハートありきのセックスで、本気で感じる生き物なのです。

先日、22歳の女子から相談を受けたときのお話です。彼がひたすらクンニリングスをしている姿を見下ろして、「何をやっているのだろう」と凄く不思議に思ったそうです。

さらに「いつ終わるのだろう」と、時計ばかり見ていたようですが、彼への気持ちはすっかり冷めていたセックスのようでした。

求められるから応じたセックス。まったく感じなかったと言います。

クリトリスはどんな女でも感じる敏感な部分です。そこを刺激されても何も感じないということは、メンタルが、セックスを支配している証拠です。

私的には、心が冷える＝子宮が冷えると思っています。

相手への愛情があると、細胞も活性化し気持ちも高揚します。すなわち血流も良くなるはずです。その逆と考えますと、子宮への血流も悪くなり、必然的に冷えるという理屈です。

心も体も温かいセックスを求めるのが女性なのだと理解すればいいでしょう。中折れをしようと、途中で萎えようと決して愛は冷めません。

セックスが下手だから愛が冷める、持続力や勃起力に自信がないから飽きられるということではないのです。

そういった思い込みは捨て、愛あるセックスを心がけてほしいのです。もしあなたがセックスで満足させてあげられなかったと思うのでしたら、後戯で思う存分に可愛がってあげると、摩擦での快感以上に女性は満足感を得るでしょう。

心が気持ちいいと身体もとても気持ちよくなるのです。極論かもしれませんが惚れた男には、何をされても感じるのです。

このときの快感は、セックスでのエクスタシーでも得られない、何とも言えない〝フンワリ快感〟となり、後戯のときにはずっと絶頂を迎えて過ごせるのです。

前戯や本番、後戯が上手い！　というセックス技の位置づけでもなく、ペニスと膣の相性でもなく、心を抱きしめてくれる男との触れ合いは、すべてを気持ちよく、幸せにしてくれるのです。

過去に一人、見事に当てはまる人がいました。

自分でも「何がこんなに気持ちよくさせるのだろう？」と不思議に思っていましたが、一つは声でした。ベッドタイムで腕枕中に、会話での笑い声に身震いをしたことも何度もありました。そのときの彼の手は、私の胸に乗せられていましたが、その胸からエクスタシーを感じました。

そして頭をなでる手も、指を絡める仕草も、背中を抱きしめる腕も、すべてエクスタシーに繋がるといっても過言ではないくらいに、〝フンワリ快感〟が持続していました。

心で抱いて、身体で抱きしめる。心に身体がついてくる。身体に心がついてくる。まさしくハートから入るセックス。ハートありきのセックス。ハート主導のセックス。

こんな男には、いつも抱かれていたい。いつも側にいたい。そんな男に愛される身体は、すべてが性感帯となっているのです。

♡心で犯し、身体で破壊する

身体を使って犯すレイプとは違い、心で犯すという快楽的な時間を大切な人と過ごしたいと思いませんか？

そこでセックスの最も女が感じているときにだけ通用する〝サディスティックな男の言葉〟について説明していきましょう。

最初から、「犯されたいか？」と聞く男性はただの変態です。

しかし女性が最も感じているときに、「もっと犯されたいか？」と言う男性は、女性の心を占領していきます。この違いがわからない人は、ただの危ない人になります。

アダルトビデオの見過ぎの人は、「女には犯され願望がある」などと勝手な解釈をして、見ず知らずの女性を押し倒してしまいます。そんなことで女性は感じません。たとえ感じたとしても、あとで憎しみが１００倍になり警察に連絡してしまうのです。そういうことでしか興奮できない男性は、女性に恵まれない日々を送ってしまいます。

そうではなく、女性をその気にさせ感じさせたときにこそ、そういう激しい言葉は生きてくるということです。

前にも書きましたように、優しくされ徐々に調教され、性を開発されてしまった女性は自分でも信じられないほど、淫乱な女になっていることに気づきます。清純そうな女性でも、とびっきりの美女でも、そうなってしまったら、野獣のようなものです。

ひとたび好きになってしまう、ひとたび体験したことのないような、クリトリスと膣と、身体中の性感帯を刺激されて、全身が脈打つような快感を知ってしまった女性は、もうメンタルと身体の両方が支配されていますから、行為がいやらしければいやらしいほど、感じてしまうのです。

男性の意のままに強引にされていながらでも、女性は犯されている感覚に酔いしれているので、そこに言葉が入ることにより、さらに興奮度が高まっていきます。

ここで注意点があるのですが、最初から痛いことをする男性は、単に女性の身体に無理解なだけで、女性のほうも冷静に見ています。要注意です。

しかし女性が最も感じているときに、お尻を叩く男性は女性の心を占領していきます。

身体を痛めつけながらも感じさせることの大切さ、攻撃的な行動の中でも、心は抱きしめているといった表現をする行為が、二人の更なる快感へと繋がっていくのです。

そこで心で犯し、身体で破壊する術を身につけているという人に、お話を聞くことができました。

●Fさん（42歳）パティシエ・バツ3
「Fさん、バツ3って原因が聞きたいわ」

「そこですか?」と、笑顔が素敵なFさんは、満更でもなさそうでした。

「実はですね、3回とも僕の浮気で離婚したんですよ」

「え?　懲りないんですね。結婚に向いていないんじゃないかしら?」

「そう思うんですけどね、彼女に押し切られてつい結婚生活に入ってしまうわけですよ。しかし、しばらくは独身を満喫しようと思っています」

「そのほうが良さそうですね。Fさんは、破壊

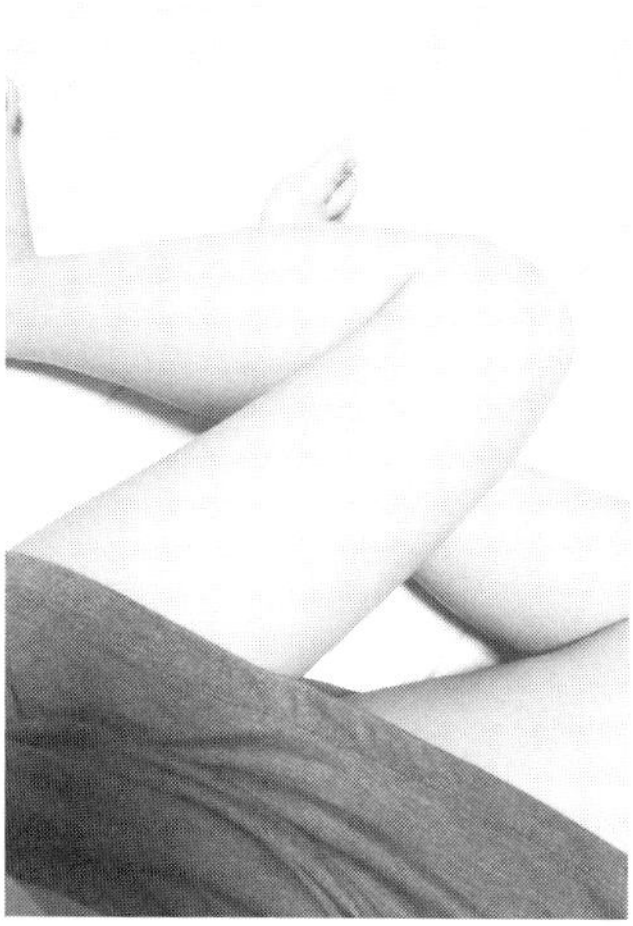

術などが巧みだと聞いているのですが、具体的に教えてもらえますか？」

セックスの話になると、Fさんの会話のテンポは早くなり、身を乗り出してきました。

「僕は、常に彼女の表情を見ています。喘ぎ声の変化を聞き取るのはもちろんのこと、口の開き方、呼吸の荒さ加減、目の開き具合をトータル的に察知して、技を変えていく努力をしています」

「それは毎回のセックスで意識をしているということですか？」

「今では意識まではしなくても身についています。それは感覚が能力に変化しているものだと自分でも思いますね」

その後も2時間ほど会話が弾みましたが、Fさんはセックスだけではなく、女性という本質的な部分を理解しようとしている姿が印象的でした。

多くの男性の話は、セックスには技が必要だとか、マニュアル通りに試してみたがうまくいかなかったなどとなりがちです。でも、Fさんの場合は、奥深い恋愛の数をこなしてきている人ならではの話が多いと感じられました。

ここが重要ポイントなのですが、Fさんは、まず、自分なりのセックス、接し方を女性にしてみて、そこから相手の女性の変化を読み取るのだそうです。なぜならば人によって感じ方も千差万別ですが、最初から相手に合わせるのは、無駄な労力だと言います。

たしかに自分の愛し方でセックスをし、相手の反応を見て先に進めるほうが、相性も合っていくような気もします。

最初は、マニュアル的でもいいかもしれませんが、あなたなりのセックスが身についてくれば、そのあなたでなければ感じられなくなるわけです。

身体中を触り、身体中を舐める人、あちこちを噛む人、叩く人、女性の両足を持って開き、女陰に顔を埋める人、マングリ返しをする人、ワカメ酒をする人、３Ｐをする人、スワッピングをする人……。いろいろな人がいます。そのシーンだけを見れば、アダルトビデオのワンシーンか、あるいは変態に思うかもしれません。

しかし男と女が感じているときには、なんでもアリなのですから、そんなハードな行為だからこそ、萌えるということもあるのです。

あるカップルは、シンプルなセックスしかしてきませんでした。ところが女性のほうに好きな人ができてしまったこともあり、セックスに熱が入らなくなりました。

そんなとき、男性が、今まではしたことのないクンニリングスをしました。女性は慣れていないので、すごく抵抗したのですが、10分以上も、陰部を舐め回し膣の中まで舌を入れ、そしてクリトリスを吸いまくったらしいのです。そのセックスのおかげで女性は、何度もエクスタシーを感じ、セックスが快感になり別の人との恋も終わり、二人はよりハードなセックスをするようになっていきました。

セックスの変化が心をつなぎ止めることもあるんだな、と思いました。

心も身体も支配された女性は、淫乱な身体の持ち主へと変貌を遂げるのです。開発してくれた男性の前でだけは、淫乱になれます。ほんとうはもっと淫乱になりたいと願っている女性は多くいるのです。

第5章
性欲、性癖を満喫しよう

♡女性は男性のなにを見ているのか

あなたは、女性の性器を見るのが好きですか？　また、舐めてみたいと思いますか？　あるいは、どれくらいの時間、舐めますか？

大抵の男性は女性器を見ると興奮します。また、女性器を舐めたり舌を入れたりします。男性にも女性にも、そういう行為、クンニリングス（クンニ）を嫌う人もいます。「汚い」とか、「気持ち悪い」、あるいは「変態的だ」とまで言う人もいますね。

少し調べてみたところ、女性が男性の性器を舐めるフェラチオや、男性が女性の性器を舐めるクンニリングスといったオーラルセックスは、たとえばフランスでは3分の2の人たちが日常的に行っているそうです。

今は日本の雑誌でも、そういうことは当然の行為であるかのように解説されるようになってきました。

今から2000年以上前のポンペイの壁画にも、大胆に女性が股間を広げ、その陰部を舐めている男性の姿が描かれているのです。

その一方で、このクンニは欧米では、かなり長い間、タブーとされてきた行為だった、というのも、どうやらほんとうのようです。

男性が女性器を見たいと思い、触りたいとか、舐めたいと思うのは、変態、すなわち特殊で異常なことなのでしょうか？

答えは、もちろんＮＯです。

男性は、女性器を見ると興奮しペニスが勃起するようにプログラミングされています。これは、セクシーな女性のお尻や胸などを見て、男性のペニスが勃起するのと同じようなごく自然な生理現象です。食べ物を食べたくなるのと同じように、男性に与えられた本能です。

医学的には、このような勃起を「中枢性勃起」というようです。中枢性というのは頭の中で想像するという意味でしょう。それに対して、想像だけでなく男性が実際にペニスを擦って勃起するのを「反射性勃起」といいます。つまり「中枢性勃起」という極めてメンタルな勃起に対して、物理的な原因による勃起を「反射性勃起」といっているようです。

もちろん手で擦っているときも、男性はいろいろ想像して男性器を勃起させているので、メンタル的な側面はとても重要です。その証拠に、精神的に不安が大きいときなどは、男性は勃起でき

なくなることがあります。

目で見た女性の裸や、耳から聞いた女性のヨガリ声だけでも、男性はすぐに勃起できますし、妄想だけでも勃起します。ですので、女性から見ると、とてもエッチでいやらしく、軽率に思われることもあるのですが、それは生理現象なのですから仕方ありません。

男性は、女性の性器にペニスを挿入して射精して子孫を残すように仕組まれていますから、男性が、色っぽい女性の裸体を見て興奮し、押し倒したくなり、女性の性器を見て、自分のペニスをそこに挿入したくなるのは当然の生理現象で、それを無理に理性で抑え込むばかりだと、それこそ異常なことをする人になるかもしれません。

逆に、どのような女性の裸を見ても興奮せず、女性器を見てグロテスクだと感じ、性欲がまったく起きない男性がいたら、それも正常ではないということになるのでしょう。

目でエッチな写真を見てそれを脳で判断し、ペニスの海綿体組織に血液を送り、ペニスを勃起させる。それと同時に、女性を抱きしめたい、脱がしたい、触りたい、女性器にペニスを挿入したい、精子を発射したいという欲求が生まれ、また人によっては、女性器を舐めたいと思うのです。

では、フェラチオやクンニリングスは、そもそも生殖行動のために、人間に埋め込まれた欲望なのでしょうか？

これは、違うのではないかと私は思います。

舐められる側にとっては、「快感」ですが、舐める側は、直接的に快感を感じるものではないからです。いやいやペニスを舐めている（舐めさせられている）人も少なくありませんし、相手への奉仕活動でもあるわけです。

男性は、恥ずかしがる女性に自分の勃起したペニスを見せます。また、女性の下着を脱がせて女性器を露出させて恥ずかしがらせます。そういう行為で、より興奮する男性が多いと思います。

女性の恥ずかしがっている姿を見ることによって興奮する男性は少なくないでしょう。

この「女性が恥ずかしがる」というのは一つのポイントです。

女性が恥ずかしがることによって、あるいは嫌がることによって、男性は興奮度を高めることが多いのです。つまり、恥ずかしがる女性と、恥ずかしがらせたい男性がいて、それでセックスが成立しているのかもしれませんね。

逆に、「舐めて！」と言わんばかりに、堂々と股間を開かれると、男性もやる気が失せるのではないでしょうか？

最初は、多くの女性は、そういうクンニなどをされると驚きますし、気持ち悪いと思う人もかなりいます。

初めてセックスした男性が、徐々に、そういう行為に女性を慣らしてゆき、舐められることに快感を覚えた女性は抵抗感が少なくなるようです。言い方を換えれば、男性に調教されてしまえば、クンニの快感が忘れられなくなります。

ここでクンニの最上のテクニックについて考えてみます。

よく言われるのは舌技ですね。こまめに動く舌の技術。しかし舌技の達人がいるとして、その舌がどんなふうに動いているのか、科学的な検証について私は知りません。

女性の側からすると、内太腿を舐めたり、膣周りを舌で往復したりと、とにかく焦らすテクニックでしょうか。前にも書きましたように、男性は、一気に興奮してしまいますが、女性はゆっくりと興奮していきます。

ですので、「焦（じ）らされる」という行為によって、女性は自分でも驚くほど興奮してしまうのです。

アダルトビデオに、「全身を何人もの手で触りまくられる」、「身体に蜜を塗って舐めまわされる」、「お習字の筆などで、乳首やお腹、背中、下着の上から性器などをなぞられる」などといった行為によって、女性がエクスタシーに達する映像があります。

そういう映像のいくらかは女性の演技かもしれませんが、大半は我慢できないほどの快感を得ているものだと私は思います。

こういった「焦らす」行為は驚くほど効果的です。

焦らすクンニにも効果があります。すぐに女性器そのものを舐められるのとは違った快感を呼び起こすということです。

もちろん、すぐにクリトリスを舐められても感じるんです。でも、ソコをわざとはずして、少し遠くから責められるというのは、我慢ができないほどに感じるのです。

もしあなたの相手の女性が、長くセックスをしていない女性だったとしたら、特に性器、つまりオマンコを責めずに、少し遠くから、ゆっくりと触り、女性が我慢できなくなるまで焦らし、最後にクリトリスを舐めるのがいいでしょう。

その女性が、性経験があり、しかも過去にクンニの体験がある人ならば、「どうして舐めてくれないの？」とやきもきしてくるかもしれません。焦らされる時間が長ければ長いほど、女の身体は我慢できなくなってしまいます。

焦らされながら感じるクリトリスに吐息をかけられると、子宮がキュンとなり、膣も自然に収縮してしまいます。

そういうときには、膣からはうっすらと白い液体が溢れていて、膣口は開きっぱなしになり、女性は、ペニスを挿れてほしいと腰をねじっていることでしょう。

♡女が求める実践してほしいセックス

男性がセックス後に思うことは、「満足のいくセックスができた」というのが大半です。

しかし女性のほうは、決してそうではありません。これは残念なことです。ただ最初は五分五分といった感じでも、五が六、そして七、八と上がっていくのが女の性なのです。そして十でＭＡＸかと思いきや、さらに十一、十二と淫乱の域へと突入していくのですが、これも男性次第といったところは大きいでしょう。

さて、女性は男性のどこを見ていると思いますか？

裸になる前でしたら、服装や髪型、爪が伸びていないか、仕事への姿勢など、拘りのある女性ほどチェックをしています。

ではセックスにおいての男性への見方はどうでしょう。

あなたはどんなところを見られていると思いますか？　まず男性に聞いてみました。

○鍛えられているのか、体形を見られている
○ペニスの大きさを女性は重要視している気がする
○セックス中の動きを観察されている
○キスのやり方を受け身で静止しながら観察している
○何回セックスができるのか？　と内心思っている

そこで今度は、女性に、「女の求めるセックスとはどういうものか」を聞いてみました。男性が求められていると思う部分と、女性が求めているもの、この違いを考えながら、以下の回答を読んでみてください。

●K美さん（26歳）看護師・独身
「セックスでも、いかに愛情表現ができる人なのかを見ています。たとえば、挿入しながらでも手を繋いで安心感をもたせてくれる人は最高です」

●N子さん（23歳）事務員・独身
「目を見つめ合う時間が長い人が好きだな。愛されていると実感する」

●A子さん（33歳）飲食店勤務・バツ1
「彼がイッた後に、しばらく挿入したままでいてくれたときは幸せを感じます」

●S子さん（40歳）内科医・バツ2
「挿入したまま、私の上でジッとしてくれているときって、深い愛情を感じる。たとえば正上位でしたら、体重をかけずに耳元に顔をうずめてくるのね。荒々しい息も興奮するの。

一番嬉しいのは、私がうつ伏せになって両手両足を伸ばしたままで、彼が覆い被さり、彼の両手は背後から私の胸周りを抱きしめるのね。女は背中で感じていたいでしょ、これをされたら彼から離れられない」

男性が女性に求められていると思っていることと、実際の女性の願望って、こんなにも違うんですね。

私にも、最後のS子さんと同じような行為をしてくれる彼がいました。ほんとうにこれはお薦めです。毎回されると嬉しさも減っていくような気がしますので、愛のスパイスで時々してあげることが二人の関係の継続にも繋がるでしょう。

さらに心の満足はもちろんのこと、身体の満足を求めている女性も多くいるのをご存じですか?

特に、バツ1、バツ2の女性はセックスを欲しがっています。日ごろセックスを我慢していて、したくてたまらない女性もたしかにいます。ペニスが恋しくてたまらないのです。

結婚していたときは、いやいやセックスをしていたのに、離婚して一人になって、セックスのない生活、側にペニスがない生活をしていると、いつとなくセックスがしたくなるのです。

セックスの良さを知っているバツ（離婚経験者）の女性たちは、露骨に、セックスに飢えている人もいます。女性の裸を見るだけで男性がペニスを勃起させるのが自然現象ならば、バツの女達が、セックスに飢えてセックスしたくてたまらなくなるのも自然現象です。昔、いい思いをしたのに、最近はすっかりご無沙汰している女性たちが「オマンコの奥まで、ペニスを挿れて欲しくてたまらなくなっている」としたら、それを責めることはできません。

この、バツというのがポイントなのですが、羞恥心も取り去られている人が目立ちます。

それを良いふうに言うと、大胆にもなれる彼女たちは、自分も楽しみたいという意識が強いのです。そして女でありたいという願望も、人一倍強くもっています。

自分に合った男性というよりも、もっとストレートに自分に合った男性器を求めている傾向にあります。

これが、一定の女性の、「本音」なのだと言っても過言ではないでしょう。

外見では気取っていてバリアを張っている感じがしても、実は男性にちょっかいを出してほしい女性もいるのです。

そして、ペニスの感触を忘れてしまった膣を舐め上げられる快感を求めるのも、バツの女性ならではなのです。

男性同様、出会い系サイトには、セックスを求めている女性も多いのです。

バツの女性や旦那とのセックスレスになっている女性は、欲求不満を解消したいのです。

知り合った同士のメールやラインを拝見しましたが、男性はお誘いを楽しんでいて、女性は誘われることに喜びを感じる内容が多かったですね。その他にも、エッチな会話では盛り上がり方が半端なく、読んでいても恥ずかしくなるほどの言葉が飛び交っていました。

「舐めてほしいの?舐めてって言ってごらん」

「うん、会ったらたくさん舐めてね。私もお口いっぱいにしゃぶりたいわ」

「早く君の中に入れたいよ」

「私のアソコもあなたの物を待ってるわ。今すぐ欲しいくらいなの」

バツの女性たちに話を聞くと、アダルトビデオや週刊誌のセリフ顔負けのセリフを妄想すると言うので、本当に驚きます。

やはりバツの女は積極的な発言が目立ちました。

会ってもいない人間と、ここまでエッチな話ができるのなら、「会うとホテルに直行」も納得ができますよね。

♡これだけはNGなセックス

男性が良かれと思っているセックスに、実はNGワードが隠されているのです。

しかしなぜ男たちは見抜けないのか? というところですが、そこには女性の〝愛〟が存在しているからです。愛がカバーをしてくれているのです。

怖いことにこの愛が冷めかけてきたときに、そのNGワードが見事に突出してきて、女性の愛を破壊していきます。

そうなる前に、女性が思うセックス、そして二人の相性を見極めることで、少々の不満をもたれたとしても乗り越えていけるでしょう。

そこで、『週刊SPA!』（扶桑社）で〝好きなSEX・嫌いなSEX〟特集の識者をさせていただいたときに私が書いた記事をご紹介しますね。

20〜34歳の独身女性200人を対象にした調査結果ということですが、年代別によって内容も変わってきます。

ここでは若い女子の本音を見ていきましょう。


【好きなSEXランキング】

○1位……キスをしながらの密着正常位
○2位……洋服を脱がしながら、キスしたり愛撫がすでに始まっている
○3位……前戯では複数の性感帯（胸＋性器）を同時に刺激してくれる

○4位……プレイ中に「好きだ」など、言葉での愛情表現がある
○5位……唇を唇で甘噛みするキス
私的には、キスをしつつ密着しながら正常位のままで、指はクリトリスを刺激してほしいです。キスをしていた口は一瞬だけ耳元に移動し、愛を囁く。プレイ中に名前を呼ばれることも、とても嬉しいものがあります。苗字でもあだ名でもなく、下の名前を呼び捨てにされると、キュンキュンきます。

もし普段、呼んだことのない呼び捨てでも、セックス時に甘く名前を囁いてみてください。エクスタシー以上に、女性の心は甘美な世界へと昇りつめていくでしょう。

あと、フェラチオをしているときに、「あぁ、気持ちいい」と言って、うっとりとした表情で、フェラチオ中の私の顔を見て目を離さない。ずっと見られると恥ずかしくもなってくるのですが、目を合わせながら聞き取りにくい言葉を発したりして、コミュニケーションをとるのが好きです。

そのときの言葉は「気持ちいいの?」、「愛してる?」といった感じなのですが、ペニスを口に含んでいるので、相手は何を言っているのかわかりません。しかし「う……ん」と言ったり、頷いていています。

この時間は二人にとっても、相手を知るという時間でもあるのです。

そして外せないのがキス。前戯だけではなく、本番でもさまざまなキスをしてあげてほ

しいと思います。軽いキス、舌を絡ませるキス、唾液を交換し合うキス、唇に吸い付くキス、ときには長く長く、気が遠くなるまでキスをしてあげると、女の愛液は溢れでるでしょう。

女性はパートナーに際限なく安心感を求めるもの。温もりや安らぎを与えるキスは、どんなにしても、しすぎることはありません。キス以外にも、手を繋ぐ、背中から抱きしめる、頬を合わせるなどの行為で、女性はよりＳＥＸに酔いしれます。

本番以外を重視する「ハートから入るＳＥＸ」を女性は求めています。

ゴール＝射精を目指して男性はひた走る。だが、女性は前戯と後戯、つまり本番以外を重視している。重要なのはハートから入れるかどうか、これに尽きます。

まずは前戯。〃徐々に〃が鉄則です。

洋服を脱がしながらキスをたくさんしてください。これだけで女性の心は解放されていきます。また複数の箇所の愛撫も忘れずに。その数だけ『愛がある』と解釈してくれますよ。

挿入では緩急のあるピストン運動で『刺激』と『変化』をもたらし、『可愛い』などの言葉攻めで悦びを提供。そして最も力を入れたいのが後戯です。後戯は〃余韻に浸る時間〃とし、賢者モードに入る前に腕枕をし、頭をなでたり、軽いキスをしたりしてください。これらは女性への愛情表現ベスト３。

前戯、本番がどんなに素敵でも、後戯の良しあしが次のＳＥＸの成否を分けます。後戯は最終試験と思ってください。

最後に、お勧めプレイのベスト3をご紹介しますね。

○正常位中に両手で頬を包み込む
○皮膚の薄い太腿などを軽く愛撫する
○鼻先同士をツンツンして愛おしさを表現

素敵なセックスができる男を目指してくださいね。イイ女は、そんなあなたの行為が大好きになりますから。

♡行動・表情からペニス力を想像する女性たち

男性の妄想好きはよく聞きます。前述のように男性は妄想で、興奮するようにできているからです。一方、女性には、恥ずかしいから口に出して言わない〝むっつりドスケベ〟が非常に多く存在しています。羞恥心やプライドがそうさせているのでしょう。しかしこんな女性たちも、羞恥心の鍵を外してあげると、とてもいやらしいセックスができてしまうのです。

男性でもサラリと口に出してエッチな話をしても、まったく違和感なく聞ける人と、気持ち悪さが蔓延してしまう人がいます。話の上手、下手はあるにしても、あの差はなんでしょう。ジョークの上手い人と下手な人の差でしょうか。

でも、もしあなたが、エロ話やジョークが下手な人だったなら、無理に苦手なトークをする代わりに、愛情のある話をすればいいのです。下手なエロ話ほど嫌われるものはありません。

〝エロな話をすれば女が悦ぶ〟、〝自分の欲望だけで言葉の痴漢をしている〟といった感じの人は、いわゆる「痛い人」ですね。

俳優の奥田瑛二さんがある対談で、

「(自分は) 妄想が激しくなってきたんですよね。会った女性全員を裸にしてしまうんですよ。そうすると会話をしていても、裸の付き合いができるんですよね」と、真剣に、でもさらっと言われていました。そこにはいやらしさの欠片もなく、男性の本音が聞けたような気がしました。

自分の目というレンズを通して、女性の裸を透視する。自分だけの楽しみでもあるのでしょう。実際に裸にすると犯罪ですが、思うだけなら自由

なエロだと思いました。

男性の、エロのスイッチが入るときというのもさまざまなようです。

胸フェチの人は、特に好きでもない女性の胸を見ただけで、エロモードになると言います。

愛する女の横に座るだけで、セックスを想像してペニスがキンキンになる人もいますし、特に露出の多い夏場は、エロスイッチが入りまくって止まらない人も多くいます。私の元カレは「声を聞いているだけで、やりたくなってきた」とよく言っていましたが、声でもスイッチが入るようですね。普通の会話でスイッチが入るとは、何とも想像力が逞しいということですね。

女性のエロスイッチにも似たような現象があります。離れていても心で想う、頭で相手のことを考えるだけでも濡れてくることもあります。物理的に隣に居なくても、簡単にスイッチが入ってしまう場合もあるのです。

男性は常に想っていられない脳があり、女性は常に想っていられる脳がある、その違いのような気もします。

女性でも、就寝前にベッドに入り大好きな男性のことを想うと幸せ感に酔いしれ、さらに暴走すると、セックスシチュエーションを想像して自己満足の世界へと入っていくことがあります。セックスを我慢している女性は、そうなりやすいかもしれません。

彼のことを想うと、うっとりとした表情になってしまい、美味しそうに私の唇を吸っているシーンを思い出し、妄想をさらに飛躍させ、無意識に指がクリトリスを優しく刺激していることがあります。

女性は男性のことを観察しています。そこで60歳を超えてもエロを忘れない男への取材内容を『週刊現代（講談社）』で掲載させていただいたので、ご紹介しますね。もっともっとお若い方も、いずれ中高年になりますので参考までにお読みください。

【60歳を超えても、どんどんセックスが上手になる男性は、体位の知識やペニスの持続力以外の武器を、必ず持っています。

たとえば私自身の体験では、以前お付き合いしていたパートナーに、キスのとても上手い男性がいました。彼は正常位のような体勢で私と向き合いながらも、ペニスを挿れずに、私の髪の毛をまさぐって、目を見つめてディープキスをしては顔を離し、耳の辺りを指で優しくなぞるんです。

私は身も心もどんどん蕩けていき、最後は彼のペニスの先端がクリトリスをかすめただけでエクスタシーに達していました。

セックス上手な男性は、相手の反応をみながらセックスを即興で組み立てるプロデュース能力を持っています。その姿はまるでやり手のデイトレーダー。株価の一瞬の上昇・下落を見逃さない彼らのように、女性の快感の高まりを見抜き、ペニスが欲しくてムズムズしはじめる最高のタイミングを見逃さない。若いうちはそれがなかなかできなかったという男性でも、60歳を過ぎると、人をじっくりみられるようになって、飛躍的な進歩を遂げるのです。】

そんな男性のペニス力には、逞しい男を感じます。

エロな表情をする男性、キスの上手い男性、セクシーな吐息まじりの声を自然に出せる男性は、とても魅力的に映るのです。

キスのやり方も、そのときの雰囲気やシチュエーションによって変化させるのも、〝デキル男〟の技でもあります。

前戯では、甘噛みキス程度で舌を絡めたり、唾液を交換したりしません。しかし本番になると、舌使いが激しくなり、荒々しいキスで攻めてくる。このギャップに女性もエロ女へと変貌していくのです。男性を観察しながら、男性の興奮度を投影するかのように、女性もエロを求めるようになるのです。

ペニス力や男のエロさを想像させる前に、どうしてもクリアしてほしいことがあります。拙著の『50代から楽しむセックス』（笠倉出版社）からの内容ですが、〝抱かれたいおじ様になるための８つのポイント〟です。

しかし50代からではなく、若い人にも当てはまりますので、自分自身をチェックしてみてくださいね。


清潔感……ロン毛は不人気、洋服のヨレにも気をつけよう。

加齢臭・口臭……臭いをとる石鹸、口臭防止スプレーなどを用いる。

お肌のお手入れ……ヒゲの剃り残しのないツルツルのお肌は魅力。

鼻毛……笑ったときにハミ出てしまわないかチェック。

引き締まったボディ……出っぱった腹にならない。スポーツで引き締めよう。

持ち物のヨレ……バッグや財布まで、そのくたびれ感を女性は見ている。

イキイキした表情……暗いオヤジは怖い。いつも笑顔を心がける。

聞き上手な話術……自慢話、武勇伝、説教がワースト3。


これらの項目すべてができている男性は少ないですね。

1～7項目までは、自分に時間をかけたり気を付ければクリアできることですが、8項目めが意外に難しいのです。

成功者は特に語りたがりますが、〝語る〟と〝自慢〟は違いますからね。

一度、自分は人にどういうふうに話しているのだろう？　と、客観的に見るのもいいかもしれません。

そして会話では、何気ないアドバイスをするのも聡明な男性だと思われます。

♡処女の本音

あなたは処女を抱いたことがありますか？　抱きたいと思いますか？

ここでは、処女について触れてみましょう。

私の知り合いで、こんな人がいました。

「今まで7人も処女だったよ。もう面倒くさいよ」

「処女風の女を狙っていたの？」

「そうでもないんだけど、遊んでいなさそうな子が好きだったからな」

彼からの面倒くさいという言葉が、女性として「そうなのか？」と思ってしまいました。

たしかに7人も続くとそうなるかもしれませんが、女にとっては、最初のセックスは、生涯忘れることのないものになるのです。

だから、私からすれば、処女は貴重だと思います。何も知らない身体を開発されていくわけですから。

セックスを重ねれば重ねるほど、快楽への道のりが楽しくて仕方がなくなる女性の変化を見られますし、男性にとっては大切にしたくなるのも当然じゃないのかしら、と思ってしまいます。

ただ女性もバージンを失くしてからも、いろいろな恋をしていきますので、「処女と結婚した！」という男は非常に少ないのです。

それでは、国立社会保障・人口問題研究所が実施した調査を参考にして、年代別に処女の割合、処女率を見てみましょう。

○18～19歳　64・1％
○20～24歳　40・1％
○25～29歳　28・2％
○30～34歳　22・5％

意外にも処女が多いという感想でした。このような数字はなかなか見る機会が少ないので参考になりますね。

日本人の性欲の低さに関しては、今や世界が関心を持つようになっています。

「フォーブス、日本性教育協会調べ」の記事には、次のような表現がありました。

「日本人の半数以上が独身だ。18歳から34歳までの独身女性の49％と独身男性の61％は、いかなる種類のロマンチックな関係も持っていない」

「子作り適齢期の日本人の3分の1以上は、セックスをしたことすらない。18歳から34歳までの女性の39%が処女で、男性の36%が童貞だ」

日本人のセックス回数の少なさは古くから有名ですが、世界的な「少子高齢化」という難題を抱えて、特に日本人のセックスが注目されるようになったようです。

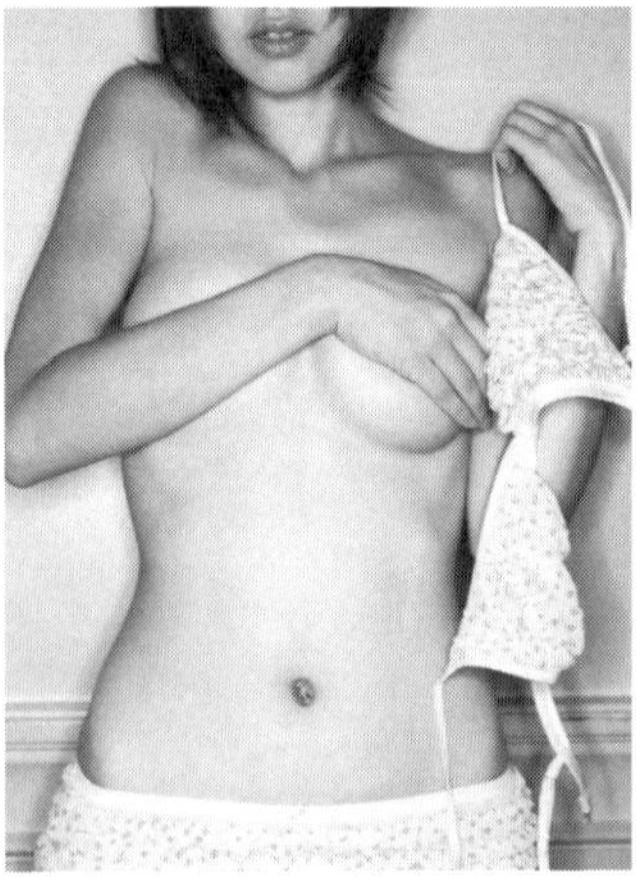

これらの現象の陰には、セックスしたくてたまらず、セックスを我慢している男性や女性がたくさんいるのだから皮肉なものですね。

前述の処女率の高さに関しては、すこし違った調査結果も見られます。たとえば、世界的なコンドーム企業デュレックスは、日本の人々が何歳で「処女&童貞を捨てているか」という調査をしていますが、そこでは16歳から17歳にかけてだとされています。

今の社会はSNSが蔓延しているので出会いも多いのは事実ですが、処女の人には、そういったツールで男性を探そうとは思っていない、という人も結構いました。

20代では〝やらはた〟（やらずに20代）、30代では〝やらみそ〟、40代は〝やらよそ〟と呼ばれています。

一昔前までは、早く処女を捨てないとカッコ悪いという風潮もありましたが、晩婚化、男性の草食化が進む現代では、その感覚も薄れてきている傾向があります。

しかし処女だからといって男性と付き合ったことがないわけでもなく、ペッティングまでは経験している女性もいます。

彼女たちの本音を聞いてみましょう。

○30を越しているので、処女だと引かれてしまうのではないかと、恋愛を遠ざけてしまう。

○男性の手が下半身にいくと怖くなってしまい、拒絶してしまいます。

○この人が初めてでいいのか？　と自分に問うと、なかなか許す気になれない。

○大陰唇が大きすぎるのがコンプレックスで、見られるのが恥ずかしい。

○処女だとバレないためにどうしたらいいのか？　と考えると、エッチはいらないと思ってしまいます。

彼女たちの思いもさまざまなようですね。

しかし深く話していくうちに、20代処女、30代処女、40代処女も、「ほんとうはセックスがしたい」ということがわかってきました。

それはそうでしょう。多くの人たちが体験していることですから、「死ぬまでセックスはしない」などと覚悟をする必要もないでしょうし、あえて拒否しているのではなく、時代の風潮や、その時々の流れによって、そうなっただけのことです。

セックスを我慢してはいけないわけではありません。セックスというのは、日常生活の一部であって、しなくても充分楽しく生きていけるでしょう。ただ、さまざまな環境によってセックスが得られない状況にあるだけなのです。

もし、安全で、絶対に他人に知られないことが完全保証される、大手ブランド企業による「女性のためのセックス体験ビジネス」があったなら、大流行するかもしれませんが、今の日本の法律では、それは売春になってしまうのでしょうか。

話を処女に戻します。

あなたは処女と付き合いたいですか？

男性にもアンケートをとったところ、4対6といった感じでした。処女派が6で非処女派が４の割合でした。

理由としては、処女派は、

「すべてを独占したいから」、「自分色に染めていくのが楽しみ」。

そして、処女派に一番多かった意見は、「他の男と比較されたくない」でした。

次に、非処女派の理由ですが、「出血をしたり、痛がられたり、面倒くさいことがないからいい」、「今時、処女を探すなんて時代遅れなような気がします」、「セックスのバリエーションを知っているので、二人で楽しめる」などの声が上がりました。

人それぞれですが、処女か非処女かなんて関係ない。〝価値観や相性のほうが大切だ〟と言い切る人も多くいました。

長く付き合っていこうと思うと、そこは外せないと思います。

価値観や相性が合わなければ、いくら努力をしても平行線ですよね。愛してやまない相手であったとしても、途中でガソリン切れとなり息切れし倒れてしまいます。

セックスにおいて、処女は、非処女とはいろいろな違いがあります。

処女の場合は心の迷いや葛藤があります。でもキスを長くすると緊張感がほぐれていきます。ゆっくりと胸をさすられ、揉まれると身体が反応してしまいます。その手で髪をなでられると、そのギャップに驚くと同時に、安心感に包まれるのです。ですから、処女にはキスがとても大切なのだと思ってくださいね。言い方を換えれば、「処女を落とすには、上手なキスがあればいい」ということなのです。

感受性の高い処女の女の子に乱暴なことをすれば、それはトラウマになるかもしれません。その逆、ステキな場所で思い出に残るキスをしたら、それは恋心になり、女の子は夜寝るときも胸キュンになるのです。

処女の場合は、秘部を触れられることには敏感ですので、全身のソフトタッチを繰り返すことが必要です。そうすると、緊張感や嫌悪感、拒否感があっても、ごく自然にやんわりと濡れてきますし脚も緩んでくることでしょう。前述した「焦らす」という戦術は、セックス未体験の女性に対しては特に大きな効果を上げるのです。

そして、男性にはわからないことがあります。それは処女膜を破られるという体感です。処女膜を破られたセックスには、快感なんてまったくありませんし、ただ痛いだけです。

2回目のセックスも「痛いんじゃないかしら?」と誰もが思うのです。でも痛いのは最初だけで、徐々に快感というものが身体から生まれてきます。

「処女を捨てた」という喜びが芽生えるのと、「セックスはもう怖くはない」という安心感も持てるようになるのです。

私のバージン喪失相手は、行為中に窓際に置いてあった、円形の入れ物を開けて、中に入っていたクリーム状のようなものを指につけ膣周りに塗っていた記憶があります。そういうものを塗って、身体に害がないのかはわかりません。ただ、そのときは、何をしているんだろう？　と処女にはわかるはずもなく、任せていました。

出血もしましたし、何より「初めてだったんだね」と、大きなバスタオルで身体を包んでくれて、優しくずっと抱きしめてくれました。

その彼とは１年経たずに別れてしまいましたが、それから２年経った頃でしょうか、連絡がありました。そのときの私には別の彼氏がいましたが、懐かしかったので彼の言うままに家に遊びに行きました。

そこで彼が私に見せたかったものがあると言い、ベッドの掛け布団をめくるのです。するとそこには２年前に散乱した出血がそのままだったのです。これにはビックリです。血の色も薄い茶褐色に変色していました。

さらに窓際にあった〝処女喪失の日〟と、私が書いたカレンダーもそのままにしていたんですよ。大切に思ってくれていたんだなって、嬉しくなりました。

彼も新しい彼女がいて、私にこれを見せたら、すべて捨てて今の彼女を家に呼ぼうと思っていたと言いました。彼にとっては私が初めての相手ではなかったものの、処女だった私を愛してくれていたんだなと笑顔がでました。

「お互い幸せになろうね」と言って別れて以来、会っていないのですが、女性にとってもバージンを失ったときの相手との思い出は、鮮明に残るものなのです。

もし、あなたが処女と出会ったなら、最後まで優しく男らしく接してあげてくださいね。

ここでまたあなたにお聞きしますが、20代以降の処女は、「ほんとうはセックスがしたくてたまらない」のを知っていましたか？

早くバージンを捧げたいと思っているのです。面倒くさいなどと思わないで、忘れられない男性になってみるのもいいと思いませんか？

ちなみに私は10代でしたので、「セックスがしたい！」というのはなかったですけれど、20代になっていたら、友達の話や情報できっと「セックスがしたい！」となっていたと思います。女性の気持ちは複雑ですよね。

そして、20代を過ぎても、彼氏のいない女の子、処女の女の子、結婚をしていない女の子の言い分は、みな「いい人との出会いがない」なのです。このあたりはパターン化されているようにも思います。

ある男性から、相談を受けた内容です。

「処女膜を破ると、なかなか女が離れない理由はなんだ？　いい加減、別れて欲しい」

ちょっと自分勝手な相談ですね。

まず、処女を破られた女性からすると、破った男性というのは「永遠の男」だと思いたいのです。それが女性の心理。

しかし大抵の女性は、次からは痛くないし、実際に私も痛くなかったので、いろいろな恋愛をしたいと前へ進みました。

でも、すごく執着する女性もいます。

「大切なバージンを捧げたのだから、一生愛して欲しい」と思う女性がいるように、その男がすべてだと、処女を捧げた男性に依存してしまうのです。

しかし、生涯、一人の相手としか付き合わないという人も少ないのですから、女性も男性も、別れ上手にならなければいけないのかもしれません。

ある程度のセックスを重ね、女が快感を覚えてきた頃に、冷たい後戯で気持ちを冷めさせていくと、心の不満がでてきて別れやすくなります。

本番の手抜きというのはいくらしても、他の男性を知らない女性は手抜きかどうかわかりません。前戯の手抜きも、本番を待ち遠しくしている女には、何の効果もありません。

後戯の素っ気ない態度や、精液の処理をしなかったりサッサと風呂に入ったりと、「あなたには、もう興味ありませんよ」といった態度で距離をおいていくのも一つの方法ですね。

処女の女を一生涯、愛せる女だ！　と思えるならば、それは男性にとって最高の恋愛となるでしょう。

非処女との別れも面倒な場面が多いこともあるのに、処女となると尚更、重い女と覚悟しなければなりません。

どの場面においても別れ上手な男性は、さらなる恋愛を積み重ねていくことができるのです。

そして忘れてはならないのは、処女だからセックスを敬遠しているのではなく、処女もセックスがしたくてたまらないということです。

第6章
男も女に求めている
もっと自由に、もっと淫らに

♡お尻で見分ける好きなセックスや体位

女性は、会話や行動から、男の内面を見抜こうとしています。

男のフェチ（フェチシズム）を調査してみますと、〝胸〟〝お尻〟〝足〟がベスト3でした。

その他のフェチをご紹介しますと、〝うなじ〟〝足首〟〝手の指〟〝耳たぶ〟〝鎖骨〟〝手首〟〝乳首〟〝腰周り〟などでした。

フェチはセックスを連想させますが、女性は男性のどこに魅力を感じるのでしょうか。

女性の声を聞いてみました。

○スラリと伸びた指に、ゾクゾクします。その指で触れられたくなります。
○厚い胸板に抱かれてみたい。
○筋肉モリモリの腕は、たまらなく魅力です。
○身長の高い人には、顔がタイプでなくても惚れてしまうんです。
○低い声に男を感じます。
○スポーツをしている姿がたまらなく好きです。
など、魅力は無限にあるようですね。

私は腕に程よく筋肉が付いているのを見ると、「素敵！」と思ってしまいます。特に腕を曲げた拍子に、筋肉が盛り上がるのを見てしまった瞬間は、男を感じずにはいられません。腕フェチですね。しかし、これは好みの問題です。細い腕、細い足、女子力のある男性を求める女性もいます。少し太り気味の人がいいという人もいます。

「フェチは変わっていくもの」と言う男性もいます。しかし、私の場合は昔から変わらないですね。それでも、好きになった人なら、何かが欠落していたとしても、すべてが魅力に映ってしまうのも、恋という魔力なのかもしれません。

男性にフェチが多い〝お尻〟ですが、このお尻で、女性の好きなセックスがわかってしまうのです。

以前、『週刊実話』（日本ジャーナル出版）で、巻頭グラビアカラー6ページを担当させていただいたときの記事なのですが、さまざまなお尻の写真を分析しました。

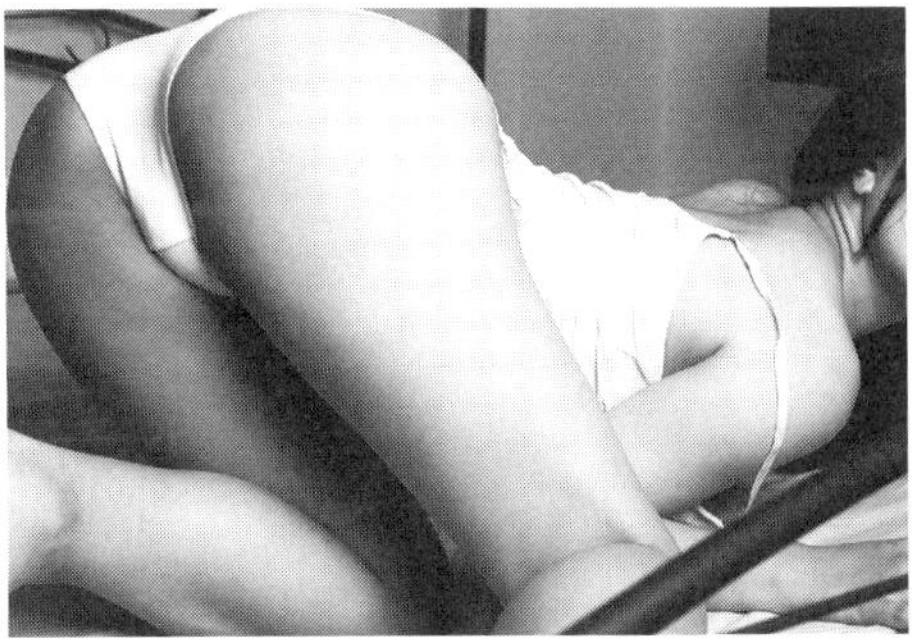

【バストと並ぶ母性の象徴として、洋の東西を問わず男性から熱いまなざしを浴び続けているのが、女のヒップ、お尻です。

男性であれば誰でも自分好みのヒップの形状があり、場合によっては〃お尻フェチ〃だったりもします。

お尻には7種類もの形があります。そこで、それぞれの鑑定結果を見ていきましょう。

【丸尻】

適度な脂肪と厚みがあり、垂れていない理想的な美尻です。セックスアピールが上手なのも特徴ですね。丸尻の持ち主は隠れドMが多く、「嫌だ」と言いつつも心の中では正反対のことを思っています。お尻の丸みに沿って指を這わせたり、丹念に舐め上げたり、時には真っ赤になるくらい叩いてみると、意外なM気質をあらわにすることがあります。

【四角尻】

どちらかと言えば筋肉質で、お尻の内側に向かって肉が張っているのが特徴。本当は快楽に溺れたいのに、淫乱な姿を封印することが美徳だと思っています。セックスそのものを恥ずかしがるので、耳元でそっと言葉責めをしたり、性感帯への愛撫を丹念に行うと羞恥心が解けていきます。常に優しさが基本。逆に言えば開発するのが楽しいタイプです。

【扁平尻】

前後の厚みがなく、平たく薄いお尻。日本人女性のほとんどがこのタイプです。コンプレックスを持っている人が多く、日頃から受け身に慣れているので、ハードなピストン摩擦で羞恥心を吹き飛ばしたり、積極的に道具を使って調教してみましょう。このタイプは一度セックスの快感に目覚めると、ものすごい淫乱性を発揮することがあります。

【巨尻】

丸く、おおらかで、スイカのような迫力のあるお尻です。性格も母性的で、どんな体位も受け入れられる柔軟な膣と技を持っています。お口やアナルにもペニス挿れたがる、好奇心旺盛なタイプが多いですね。ドS気質を持ちつつも、内面ではMに憧れてもいます。

常にお尻を触りながらのセックスを好みますが、新しいプレイにも協力的なので、ぜひチャレンジを！

【台形尻】

骨盤より大腿骨の出っ張りが大きく、末広がりの台形型。そんなお尻の持ち主は、主導権を握るのが大好きです。大陰唇が小さいタイプが多く、大きく脚を広げてあげることで喜びを感じます。クンニと挿入を繰り返すことによって、何度も絶頂に達することでしょう。快楽をとことん追求する性格なので、相性が良ければ最高のパートナーとなります。

【小尻】

相対的に小尻の女性は、もてあそばれることを楽しむタイプが多く、乱れているようでいて、じっくりと男性のセックスを観察しています。そのため、男性側は女性に余裕を与えないように、積極果敢に責めることが肝心。お尻をガッツリつかみながらクリトリスを強く舐めたり、騎乗位のときも下からグイグイ突き上げるなど、ハードなセックスを心掛けてください。

【熟尻】

酸いも甘いも噛み分けた四十路以上の熟尻。これぐらいの年齢になると恥も外聞もないので、やたらと腰を振りたがります。このような熟女には、容赦なくお尻をひっぱたきながら、ペニスをガンガン挿入してみましょう。久しぶりの〝ごちそう〟の感触に、膣は愛液で溢れ、きっと大きな声を出して喘ぐことでしょう。また、熟女は膣よりアナルでの結合を好むことがあります。

　このような鑑定をさせていただきましたが、男性側からの視点として、実践的なセックスについて触れてみましょう。

　まず〝アナルを押し広げて羞恥心をあおろう〟ですね。

　ご夫婦のようにセックスを重ねたパートナーであれば、ある程度の刺激が必要です。

　たとえば後背位のときなら、下からお尻の肉を持ち上げ、両手の親指を使ってパカッと真横に開いてみてはいかがでしょう。

　アナルが見えるくらいにお尻を広げられることは、女性の羞恥心をあおるのでお互いが興奮できます。

　また、お尻全体をつかんで、こねくり回しながらピストン運動をしてあげると、ペニスの角度が変化するので膣の中の感じ方も違ってきます。

　お尻は感度が鈍い部分でもあるので、時にはスパンキングを組み込むことにより、刺激のあるセックスになりますね。

　しかし、ただ激しいだけのプレイには警鐘を鳴らします。

男性からの愛情を十分に感じてこそのエクスタシーですので、喘ぎ声を出しているから、アソコが濡れているからといって、女性が満足していると勘違いしてはいけません。

私が愛情を感じたのは、後背位の最中にピストン運動を中止し、両手でクルクルとお尻全体をなでられたときでした。そして、再びピストン運動を始め、発射手前で腰の動きを止めては、また「クルクルなで」を繰り返すのです。

胸を揉みながらのセックスもいいですが、やはりお尻に触れられる快感というのは、鈍いながらも見えないところだけに、女性は嬉しくなるものです。

また、尾骨からお尻の割れ目にかけての部分は、敏感な人も多いので、そのラインに沿って舐めてあげるのも愛情表現のひとつになります。

さらに男性側に、ペニスの挿入角度を調節してほしいときがあります。

同じパートナーが相手でも、女がダイエットで痩せたりヒップアップをしたりすると、セックスの感じ方も変わってくるからです。

基本的に女は受け身なので、微妙な変化でも「あれ？　ペニスの角度はいつもと同じなのに感じ方が違う」と、すぐにわかってしまうのです。

快感を得るために自分から脚を広げ、角度を調整してくれる女性ならいいのですが、そうでない場合は、男性側が挿入の角度を調節してあげる必要性がありますね。

お尻に限らず、男性が女性の体形の変化を見逃さないことが、素晴らしいセックスをするカギとなるのです。

そうすれば、女性はあなたの肉体からもう離れられなくなるでしょう。

女性のお尻一つにも、深淵な世界が広がっているのです。】

♡二度とセックスしたくない相手

本書でお伝えしたいのは、女性も本当はセックスを我慢しているということ。そしてもっとセックスを楽しみたいと思っている女性の気持ちや心の声を表現しています。

女性は挿入からの快感よりも、ボディタッチで優しくされることにより、愛を感じ取ります。ソフトタッチ・ソフトリズムで触れられていると、ジンワリと膣も濡れてきて、身体全体で男を感じてきます。キスや愛撫で幸せを感じられるのも女性の特徴です。

セックスはメンタル的なものが大きく関わってきますので、愛あるセックスが基本となります。愛する男性とのセックスは、少し舌を絡めるキスをしただけで、膣がジュワッと濡れてきますし、乳首を吸われると子宮がキュンと疼いてきます。

愛のないセックス、つまり風俗やセフレなどでは、そこまでは感じないのです。

いくら愛していても、メンタルの抱擁ができない男性とのセックスは、徐々に愛も下降線を辿っていきます。

そこでどうしてもらったら、女性は心の底から悦びを感じ、男性の魅力に翻弄されるのかを見ていきましょう。

○愛液（ラブジュース）をすべて舐めてくれたときに、愛を感じる
○ドキドキするシチュエーションを作ってくれたとき
○ボディランゲージのある人には身を任せたくなる
○力を抜いてフワッとするキスをされたとき
○心がこもったセクシーなディープキスに男を感じる
○身体ではなく、脳で感じさせてくれるエロティックな行為をされたとき
○キスで始まりキスで終わる男に楽観性を感じ、信頼感さえ芽生える
○バストへの十分な愛撫をされたり、指先でバスト周りをゆっくり触れられると、とても感じる
○唾液で濡れた箇所に息を吹きかけられると、ひんやりとして気持ちがいい

など、本番のテクニック云々というよりも、それ以外の行為に女は重点を置いていますね。

次にこんな男とは、もうセックスをしたくないという女性の声を聞いてみましょう。

○嫌がっているのにアナルを集中的に責めてくる
○激しいセックスのつもりだけど、乱暴さがついて回る
○いやらしい言葉を連発して、ひとりで酔っている
○自己満足のセックスで、さっさとイッてしまう
○乳首を舐めて、フェラチオをしてと、要求ばかりする
○後戯がまったくなく、幻滅するような言動をする
○セックス前は優しく、セックス後は冷たくなる
○伸びた爪で、膣の中をかき回す
○プロセスよりも行為を重要視している

など、女子たちに取材をしていると、プラスなセックスより、マイナスなセックスをする男性への不満の声が多く上がりました。

女性たちは男性にセクシーさや、デリカシー、包容力を強く求めているのだと感じました。たしかに多様性のある男性は、魅力が尽きません。しかし男性たちも一生懸命に頑張っているのです。その頑張りが本番ではなく、お姫様のように扱ってあげることも大切なのかもしれませんね。

前戯・後戯では、とにかく愛を伝える。特に後戯というのは、意識的にやらないとでき

ないと思います。愛する女には疲れていても、奉仕の心が次に繋がるのです。もっと男の胸に寄り添っていたい、甘えてみたい。性的行為ではなく、心と心の疎通ができる時間が、女性はとても好きなのです。

イカセてくれた身体は、男性の後戯で余韻を楽しませてくれます。乳首もまだ立っていて、膣も濡れたままになっている。

行為が終わっても、まだうっすらと声が漏れてしまう。軽いキスをせがむくらいに、女は心地よい快感に酔いしれている。

そんなセックスができる男性に、身も心も翻弄されてしまうのです。

♡こんな女性とセックスがしたい、舐めたい

理想は年齢を重ねるにつれて、欲が出てきます。そしてキャパが狭くなっているのに気づくものの、なかなか妥協ができなくなるのも人間。

見た目が好みの顔、スタイルといったものは外せない男性も多いと聞きます。そしてその先のセックス。このセックスが合わないとなると、いくらタイプの女性でも続かないと言いますよね。たしかに女性にも同じことが言えるでしょう。

男性なら、目が合った瞬間にペニスが勃起するくらいの女性なら、最高なのでしょう。女

性も、なんらかのセックスアピールを感じる男性に、無意識にフェロモンが出てくる気がします。

好きという感情は、身体に触れるまでに芽生え、愛はセックスをしてから生まれるものだと思っています。

ただ、恋や愛、セックスというのは、一口に言えないほど深いものなので、一度ハマってしまうと、容姿や好みをはるかに超えて「クセになる」ものです。自分の容姿が、相手より劣っていても、あるいは相手の好みから大きくはずれていても、それだけで諦めてしまうのは感心しません。

愛を重ねるほどに、愛情や情欲なども加わり、最終的には情になるようにも思います。

「長く一緒にいると、愛ではなく情になるのだ」と主張する男性も多くいました。

もちろんそういった場合、決して情が悪いと言っているのではないようです。しかし、女性は、常に愛も存在していてほしいと願っているのではないでしょうか。

私は、男女が付き合っていく上で〝交換〟という言葉がキーワードになると思います。

たとえば、セックスで言えば、〝キスの交換〟〝愛撫の交換〟〝受け身の交換〟〝奉仕の交換〟など、交換するからこそ、いいセックスが成り立つものだと思います。

ディープキスを考えてみてください。本来、衛生的には、他人の口の中は汚いものです。しかし人はキスをします。しかもディープキスでは、舌を相手の口の中に入れるわけですから、唾液を交換しているようなものですね。

当然のことながら相手が何かの病気をもっていれば感染しますので、誰とでもそういうことはできません。身体を許せる人に対してだけできるのが、体液の交換なのです。フェラチオも同じことです。まさか、男性の性器を口に入れるなんて。女の子は、そういう行為があることを知ったときには、みんな本当に驚くわけです。クンニなんて、もっと驚きです。まさか、自分のいちばんエッチなところを、男性に舐めさせるなんて、恥ずかしくて死んでしまいそうな行為です。

こういった行為も体液の交換です。普段は、人に見せることすらあり得ない性器ですし、人前で見せたならば逮捕されるような部位ですし、最も汚い部分なのですから、それを舐めたりするというのは「死んでもイヤ」という人がいるのは当然のことでしょう。しかし前にも書きましたように、そういう抵抗感、恥ずかしさがあるからこそ、そういう行為に男性も女性も興奮し、感じ、イッてしまうんですね。

そして心の交換では、〝お誘いの交換〟〝聞き手の交換〟〝楽しさの提供交換〟〝意思の交換〟など、心のキャッチボールをすることにより、信頼感が芽生えてきます。

いつも受け身なだけでは成立せず、相手に不満が出てくるだろうし、常に変化や交換をすることにより、マンネリを避けられるのではないかと思います。

なかなか「今日、セックスしてほしいの」と言える女性は少ないですが、言いたいのに我慢しているということを男性は忘れてはならないのです。

特に生理前のホルモンバランスが崩れたときや、無性に寂しくなったとき。前者は心とは裏腹に身体が欲している性欲というもの。後者は性欲がなくても、抱かれることで安心感を求めているといった心の不満。

わかりやすく言えば、前者は「セックスしてほしいの」。後者は「抱いてほしいの」。

この違いを察して、セックスを使い分けてくれる男は、女にとっては永遠に手放したくない相手となるのです。

心が寂しいときのセックスでは、キスをされると徐々に身体も開いていき、本番よりも戯れることで、寂しさを解消していきたいと思っています。特にいちゃいちゃすることが好きな女性には、長くキスをしてあげるといいでしょう。

長くキスをして、ツンと立った乳首を指先でコロコロといじくってあげると、女性は蕩けそうになり、されるがままになっていく。その指がクリトリスに少し触れただけでも、女は身震いをするほどに感じ始めます。

心を求めていたはずなのに、その頃には身体を求め始めています。

今から、この人とセックスをする、この人に抱かれるというときには、少し拒絶しながらも、女性の身体は徐々に興奮してきています。そして、キスや、首や胸や下腹部への愛撫の刺激で、思わず自分が、男性にしがみついているのがわかります。

そうなってしまうと、女性は、操られているような感覚に酔いしれる感じになり、自分の性器から愛液が出てくるのを、自分では止められない感じになります。

これは、医学的には、おそらく女性の身体が、男性器の受け入れ準備をしているということになるのでしょう。性経験のある女性が「欲しい」というのも、そういうことなのでしょう。しかしそういうリクツを考える余裕もなく、ただ、膣から愛液がにじみ出てきて、それが、溢れ出て来たときに、「あそこがすごく濡れてるね」などと、わざとエッチで卑猥なことを言われると、もっと欲しくなってしまうから不思議ですね。しかも、今までクリトリスを触っていた指先が、急に、舌に変わった時などは、恥ずかしさとビクンとする快感で、電気ショックを受けたように身体がのけぞってしまい、脳がフワリと宙に舞ってしまうみたいな感じになることがあります。

それは、身体と脳が一体化する瞬間というか、エクスタシーを味わった身体と脳は、もう次のエクスタシーを求めてしまっています。おとなしい女の子でも、清楚な女性でも、「こんな子が、こんなにエッチになっちゃうの?」と男性が驚くほど、いざ感じ始めると女性のほうがすごいんですね。最初は、イヤイヤしていた女の子が、もっともっと、となってしまう現象は、多くの男女が経験しています。

恥ずかしいことですが、私の場合は、感じすぎて止まらなくなったときには、思わず手で男性のペニスを探してしまっているときもあります。あとで思い出すと、あり得ないことを、そのときは、してしまっているんですね。

♡いくつになっても、セフレを確保するために

愛しているのは本命。性のはけ口に必要なのはセックスフレンド。この使い分けを上手にできる男性って、どれくらいいるのでしょうか。

彼らは言います。「それはそれ、これはこれ」。

男の身勝手さが見え隠れします。

しかし、セフレを持っていると言い張る女の子もたくさんいるのですから、男だけが身勝手とも言えない気がします。

お互いがしっかり納得できているならば、難なく成立してしまうセフレ。私的にはセフレではなく〝ラブフレ〟と呼びたいと思います。

ラブラブなフレンド、ラブリーなフレンド、ラブジュースを出してくれるフレンド、呼び方一つで、〝セフレ〟という愛のないイメージが、可愛らしくライトになる感じがしませんか？

本命とラブフレを持つということは、両方いないと心のバランスが取れないのかもしれません。

問題は、セックスと心は切り離せないので、いくらクールに相手をラブフレだと決めていても、相手を好きになってしまいさまざまなドラマが生まれてしまうことです。

ただ、そういうことを除けば、ラブフレのほうが、肌やセックスが合う、という利点もありますね。

愛しているのは本命なので、愛あるセックス、つまり、男にとっては面倒くさい後戯も自然にできます。

その点〝ラブフレ女〟には、男に後戯を求めてはならないという配慮も必要になるのです。そこを彼氏並みに求めてしまうと、ラブフレ男も「重いな」となり、成立しなくなります。

では、セックスを楽しめるラブフレには、どのような女性が最適だと思いますか？

実は、元カノが最高のラブフレとなるのです。もちろん、円満な別れをし、そしてお互いが適度に好きという感情があるのがベストでしょう。

もう自分の女（男）ではないという責任のない関係なので、そのときが楽しければいいのです。そういった解放感によって、付き合っているときには恥じらったセックスも、平気でできてしまうのです。

バイブなんて使ったことのない彼が「バイブ試してみようか?」と言えるのも、嫌われたくないといった感情がもうないということでしょうし、「アナルやってみたかったんだ」と要求してくるのも、身体だけを必要としても責められる筋合いもない、からですね。

女も同様、心と身体の割り切りセックスができるので、大胆になれてしまうのです。バイブを膣に挿入されながら指でクリトリスを刺激されると、恥ずかしさも吹っ飛び、ひたすら腰を仰け反らせます。このときの女は、性欲の赴くままに支配されていきます。バイブが愛液でびっしょりと濡れ、それを薄目で見た瞬間に、また興奮が増していきます。バイブでは物足らなくなり「挿れて」と思わず言ってしまう自分に驚いたりもします。

愛を求めないセックス。ひたすら快楽だけを求め合う〝ラブフレセックス〟は、また違った快感が襲ってくるのです。

そう考えると、男性を派遣してくれる「出張ホスト」や「レンタル彼氏」、あるいは女性向けの「性感マッサージ」などが今流行している理由もわかりますね。

セックスしたくて我慢している女性は、恋や愛などなくても、セックスしたいという側面があるのですから、さまざまなリスクが回避されるならば、ラブフレを持ちたいと思うのは必然なのかもしれません。

ラブフレを持つ男女別に、アンケートをまとめましたので見ていきましょう。

【どんなときに、ラブフレとセックスをしたくなりますか？】

〝男性編〟

○今したい！　と思ったとき（相手への配慮なしに、連絡できる気楽さ）
○彼女では物足りなかったフェラチオで、気持ちよくしてほしいとき（フェラチオの上手い女は手放せない）
○彼女が生理でできない間（性欲が溜るので、何度も求める）
○彼女と喧嘩してイライラしているとき（一時の逃避をしたくなる）
○起きたときにラブフレの肌を思い出し、求めたくなった（心地よい肌合いは身体が覚えている）
○仕事で疲れたとき（愛情といった気配りもぜずに、ただ快楽だけを求めるラブフレが楽でいい）
○彼女が多忙で会ってくれないとき（心も体も満たされないときは、ラブフレを呼び出す）
○お酒を飲んだとき（開放感からセックスがしたくなる）

〝女性編〟

○寂しいとき（メンタル面で求めてしまい、セックスをすることで寂しさが紛れる）
○生理前に連絡をする（ホルモンバランスが崩れ、性的欲望が突出する）

○キスシーンを見て欲情したとき（ただ肉体の温もりが欲しくなる）
○酔ったとき（セックスをすると気持ちよさが倍増するし、大胆になれる）
○ストレスが溜り過ぎたとき（セックスで解放してほしくなる）
○オナニーをしているとき（妄想から安心感を求めたくなり、ラブフレのセックスを思い出す）
○訳もなくセックスがしたくなる（誰とでもいいくらいな気分だけど、ラブフレがベスト）
○夏の海辺で寝そべっているとき（開放感から、抱いてほしくなる）

こうして見てみますと、男性は〝彼女がダメなら〟と、ラブフレを代打的なサブとしている傾向があります。その点、女性は〝自分の欲望〟で気ままな感じがします。

どちらにしても、「友達以上であり恋人未満」といったポジションのラブフレは、快感を楽しむセックスに徹すれば、最高の相手となるでしょう。

ただ彼女や彼氏がいて、ラブフレもいるとなれば、パートナーには最大限の気を遣わなければなりません。もしも知られてしまったらと考えると、本命を潰してしまうまでの覚悟も必要でしょう。

お互い彼氏や彼女もおらず、ラブフレ止まりの相手なら、気の向くまま気兼ねなく楽しめる関係でいられるでしょう。ただ、彼氏や彼女もいない人は、すぐ本気になってしまうので要注意。ラブフレの約束なのに、とことん好きになり、あげくのはてはストーカーに、なんてことにならないことが前提です。

取材を続けていくうちに感じたことは、年齢を重ねるにつれ、ラブフレの立ち位置も深いものになっていくような気がしました。

熟年世代では、多くの人が結婚をしていながらでも、ラブフレを持っている人・持ちたいと思っている人が大半を占めていました。

酸いも甘いも噛み分けた熟年期ならではこそ、どのポジションの女をラブフレにするといいのかなど、よく考え偵察しています。

添い寝をするだけでいいという〝ソフレ〟は、若い世代と老年期に見られる現象です。すべてを経験しつくし、セックスで疲れることを避け、勃起力にも自信がなくなったお じ様たちは、「添い寝をしてくれる女性がいい」と口にします。

川端康成の『眠れる美女』という有名な小説がありますが、眠り続ける裸体の美女をただ見つめるという行為にこそ、エロの極地があるのかもしれません。今は、東京の秋葉原では、「ひざマクラサービス」や「お散歩サービス」、「添い寝サービス」なども提供する店があり、若い男性から中高年まで人気があるとのことです。

ソフレを求める若い男性は、「彼女を作るといろいろと面倒くさいし、仕事も疲れているからソフレがちょうどいい」と言います。さらに、友達同士で集まったときに、ソフレの話をすると盛り上がるのだとか。

しかし女は基本〝エッチ〟なので、前戯も本番も後戯も行い、最後に添い寝で満足をするのです。

受け身だから男よりも、疲れないというのもあるのでしょう。

第7章
男が知らない女のセックス心理

♡まっいいかセックス

よく、女性のセックス願望について書くと、それは、男性側の妄想に便乗している、あるいは、男性の妄想である「レイプ神話」に同調している、などと言う人もいます。つまり女性には、アダルトビデオに登場するような、犯されたい願望などはない、というわけです。そういう主張の大筋は間違っていないでしょう。

でも、男性の側にだけセックス願望があるわけではありません。これまでも書いてきたように、まともな女性はそんなことはしない、などという社会的な圧力によって、多くの女性が、セックスを我慢しているという状況があるのです。

男性にも、軽率な人はたくさんいますが、女性の軽率さは、「まっいいか」という、言い訳に象徴されているように思いますね。

衝動買いをしてしまった。まっいいか。

予定変更をしてしまった。まっいいか。

掃除をしないと散らかっているのに。まっいいか。

浮気をしてしまった。まっいいか。

元カレたちと、同時進行している。まっいいか。

起きたら知らない人とセックスをした形跡があった。まっいいか。

まっいいかという言葉は、もちろん、自分にとって都合のいい言葉でしかありません。そして自分を納得させる言葉です。

女性のほうが、より現実主義なのでしょうか。深く考えすぎないようにするために、まっいいか。私は悪くない。ウソもない。これが真実であり現実だし、それが私の生き方、と自分に暗示をかけている人によく出会いました。

♡身体が記憶したセックス

ひとたび、オルガスムス（絶頂）を体感してしまった女性の身体は、自分の意志に反してでも、その快感を再び求めるようになります。セックス依存症（セックス中毒）などではなくても、そういうことが起こります。元カレとのセックスの夢を見たり、そういうことを思い出して、クリトリスをいじってみたり。

どんなに賢い人でも、どんなに清純そうな女の子でも、恥じらい深い女性でも、ひとたび身体が記憶してしまった快感は、忘れることができないものです。

ですので、その逆に、痛いばかりのセックスや、怖いばかりのセックスを体験してしまうと、生涯にわたってトラウマが残ったりするのでしょう。

男性だけが気持ちのいいセックスや、レイプなどは、女性にいい思い出を残しません。特に、処女喪失は女性にとって重要です。

しかし、その一方で身体は正直です。背後からスカートをまくり上げられ、いきなりストッキングを破られて下着をはぎ取られ、恥ずかしい格好を強要されるような、そういう烈しいセックスでオルガスムスに達してしまった女性は、まるでレイプのようなセックスを求めてしまうこともあります。

ソファーに手錠でつながれて、足を大股開きにさせられ、無理矢理に股間を舐められることで、マンネリ化した夫とのセックスでは感じることのなかった真のセックスに目覚めたという女性の話などは、どこにでもあります。

スワッピングや3P、ソフトSM、大人のオモチャを使ったプレイ、合同調教やレイプ遊びなどに、夫婦で参加している人たちがいるのも頷けます。

そういう「快楽地獄」に陥った男性や女性たちは、究極の快楽を身体で覚えてしまうのと同時に、日常にはない異常さによって興奮する身体になってしまうのです。

とはいえ、それが毎日になってしまえば、興奮の度合いは減ってしまいますし、異常なことは、あとで嫌悪にもつながりますから、難しいものですね。

♡性経験がないのに、セックスしたい女性

離婚経験がある＝バツの女性は、もちろん結婚経験もあったわけなので、「またセックスしたい」と思うのは当然のこととしても、一度もセックスしたことがないのに、「セックスをしたい」という女性がいるのはどうしてでしょう。

独身の男女が増える中、一度もセックスをしたことのない女性も増えています。

そういう女性は、とりあえずオナニーをしたりオモチャで性を満たします。

拙著の『秘密のセックス』（リーダーズノート刊）でご紹介しましたＴＥＮＧＡは、とても女性に人気のあるオモチャをつくっています。TENGAといえば、社長がお笑い芸人の女性とお付き合いしていたと聞きました。当時彼女は「いろいろと経験している最中です」と、恥ずかしそうに言われていましたが、私のお気に入りの〝iroha〟も使っていらっしゃるのかなと、つい想像していました。

以前、ＴＥＮＧＡの取締役から〝iroha〟をプレゼントをしていただいたので試してみたときの感想です。

３種類あるのですが、クリトリスを刺激する突起部分の形が違っているのです。

マシュマロみたいな感触で、色合いもとても可愛らしく、手のひらサイズなので、とても気に入っています。

私が好きなのは、ピンク色の突起がふたつに分かれている iroha です。

こういう道具で、一度、オルガスムスに達してしまった女性は、きっと身体がそれを覚えてしまい手放せなくなってしまうのでしょう。

性体験のない女性にとって、このようなオモチャでの自慰はとても刺激的ですが、これを、男性が女性に使うときは、まったく違う刺激になります。

自分で使うときは、自分でやめられますが、多くの場合、男性はすぐにはやめてくれませんから、強制的に何度もイカされてしまうからです。どんな女性でも、クリトリスを長時間刺激されていると、必ずオルガスムスに達してしまいます。オモチャの刺激で、快感を通り過ぎて、おもらしや潮吹きをする人もいます。

セックス経験がない人で、疑似セックスをしたい人は、女性用の「性感マッサージ店」に行く人もいます。

ある女性用性感マッサージ店では、次のようなサービスが行われています。まず、女性が下着姿になり、男性マッサージ師が指先でゆっくりと女性の身体を触っていきます。最初はリラックスさせるために、腰や肩などに普通のマッサージを施し、次にアロマオイルなどを全身に塗り、快感を与えます。

また、興奮を高めるために、アイマスクを使います。

店によって、さまざまなやり方があるようですが、女性客の様子を見ながらＳＭ道具（たとえば首輪）を付けさせるところもあります。

休日には性感マッサージ店に通うという、29歳、看護師のＫ美さんにお話を伺いました。

私の場合は、誰にも知られないように自宅から遠く離れた店を探しました。薄暗い小さな個室には、催淫作用があるというイランイランの香りが漂っていて、すぐに出てきた30過ぎぐらいの長身の男性が、「気持ちよくなりましょうね」と優しく話しかけてきました。思わず私は「お願いします」と言ってしまったんです。

パンツとブラジャーだけの姿になってくださいと言われ、それに従いましたが、相当恥ずかしかったです。アイマスクを装着して、うつ伏せになりました。男性の指は、最初は、腰の辺りをほぐしていて、次第に、腰をつかむように横腹に沿って、円を描くように上に上がってきました。何ともドキドキする時間でした。

やがて、男性の手がブラのホックを外してきましたが、拒否することもできず無抵抗でした。露わになってしまった背中に、男性の指先が広がると腰がモゾモゾしてきて、思わずくねってしまいました。その瞬間にその指先はパンツを半分ずらし、お尻の割れ目をなぞったり、お尻の肉をそっと掴んでは離したりしていて、その間中、恥ずかしいのを我慢しながら耐えていました。

男性の指先が乳首に触れ、コロコロと回しては乳房に移動し、乳首をつまみ、そういう感じだったと思います。やがてその指先はゆっくりと胸から外れ、下半身へと移動し、気がついたときには、半下しになっていたパンツを脱がし、ゆっくりと脚を広げていって付け根のリンパをなぞっていました。大陰唇に触れるようで触れない。その動きに思わず「あ……ん」と声が出てしまいました。もう膣周りはビッショリと濡れていて普段はゆっくりと触られたこともないお尻に、円を描くようにゆっくりとマッサージをされ、少し割れ目を広げられました。すると今度は、「お尻を上げてごらん」と言うので、言われるままに腰を上げました。見えないことで大胆にもなれるアイマスクの魔力に、初めての快感を覚えました。

多くの場合、本番は禁止されているのですが、K美さんが挿入をせがんだようなので、セックスへの運びとなり終了したようです。

思い出しながら話す表情は、まるでセックス中の色気と雰囲気が漂っていました。それはとても気持ちの良い性感マッサージだったのだと想像ができました。

横腹やくすぐったいと思える箇所は、性感帯に変わることも多いようですね。フェザータッチは意外に萌えやすいのです。

このような感じで、カップル同士で性感マッサージをしてみるのも、いつものセックスとは違った快感が襲ってくるので、是非お薦めしたいと思います。

男も女も大胆になれたときに、自分の中に潜んでいたＳＭが顔をだすこともありますからね。

性感マッサージをされた女は、リラックス効果も抜群で血流がよくなり、性感度も上がりやすいと言えますね。

またホルモンバランスだけではなく、意識や心と身体に働きかけ、性のエネルギーは女を綺麗にさせるのです。

さまざまな取材を通して思うのですが、自分の性欲のままのセックスを繰り返す男が多いのではないかと思います。それでは女の身体も、なか

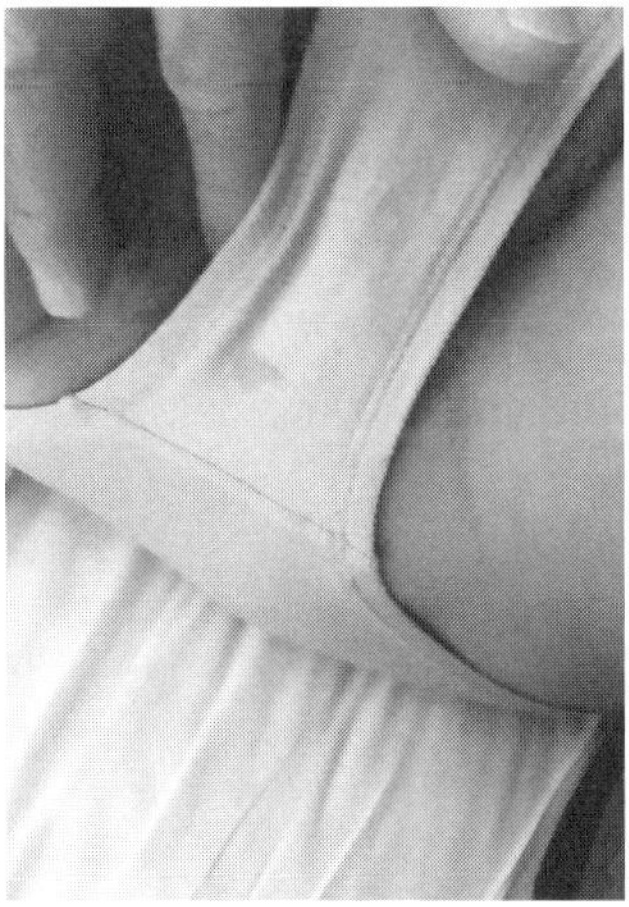

なか開発されにくいというのが実情です。

女ももっと求めたいし、もっと感じさせてほしいと思っています。しかし積極的に行動に移せる女性は少ないので、全身の性感レベルをマッサージで上げてあげるといいでしょう。

生理的にはもちろんのこと、精神的、肉体的にも充実する性感マッサージ。

性感マッサージのスキルを上げることで、二人の関係がより良いものになるのは間違いないようですね。

身体が記憶したセックスは、一生忘れることはないでしょう。

♡女性が100%、OKになれるとき

この女はどうしたら振り向いてくれるのだろうか、どうしたらエッチができるのだろうかと考えた男は多いと思います。

本にこう書いてあったから実践した。だけどうまくいかなかった。という声をよく聞きます。

性格も考え方もさまざまですから、マニュアル通りにいかないのが人間であり、日々感情が揺れ動いているので尚更です。

付き合っていて、なんて理不尽な言動なのだろうと思ったこともありませんか？

思っていた人とは違ったなと幻滅したり、なかなかうまくいきませんよね。

しかしどんな女性も本質的には、〝可愛い部分〟をもっているものなのです。

それをうまく引き出してあげれば、あなたの思い通りの人になっていくでしょう。

そこで、あなたに女性を引き寄せる方法をお伝えしますね。

女性にとって嫌いな人でも、ボディタッチをされると、気持ちがオープンになっていくのです。たとえば、飲みの席で手を握ってみてください。握り方もしつこくずっとではなく、数秒ほど軽く握ってはすぐに離します。手から伝わる温もりに、本能が反応するのも女なのです。

その後も会話を交えながら、肩などへのボディタッチや頭なでなでをしてあげると、だんだんとあなたに心を開いていきます。

電話でもそうです。〝あなたに興味がある〟といったアプローチが大切となります。

「今、どんな格好をしているの？」と聞いてあげると、大抵の女性は答えてくれます。

聞くだけではなく、その後のフォローが重要ですよ。

「似合っているだろうね」、「可愛いね」などと伝えれば、部屋着選びの選択が間違っていなかったと、共感してくれる相手に好感を抱きます。

こんな可愛い子は、自分には振り向いてくれないだろうなと思っていても、褒めてくれる男には興味が湧いてくるのも女なのです。

恋愛相談を、親身になって聞いてくれる男性にも、信頼感が芽生えてきます。

相談しているうちに好きになっちゃった、という話もよく聞きますよね。

私も経験がありますが、怒ってくれたり、なだめてくれたり、アドバイスをくれたりと、この人は理想の男かもしれないと思いだしました。

いつしか相談相手を好きになっていることに気がつきました。しかし「好きになりました」とは言えず、彼氏の相談はどうでもよくなっていたのですが、〝口実〟として彼氏の話を持ち出しながら電話をかけていました。

そのうちに電話だけではなくて「会いたいな」と伝えることで、相手はわかってくれましたが、相手も同じように好意をもってくれていたようです。好意をもっているから親身になってあげたかったと言っていました。そして相談相手の彼と付き合うようになったのです。

思い返せば、最初は好意もなく「イイ人だな」といった程度だったのに、大好きになるって、女心って不思議ですよね。

♡エロチックな秘めごと

男と女の交わりで相違することもありますが、きっとそれは感情面だと思います。

基本、身体は凹凸で合うように創られているのですからね。

さらにそこには相性というものがあるので、極めるセックスをすることで、宇宙さえ見えるのではないかというエクスタシーも存在します。

女性はセックスに関しては恥じらいもありますし、受け身といったものが自然に身についています。男性は攻撃や支配、そして欲望を満たすセックスをします。

しかし男性だから責める、女性だから受け身というのでは、本当に気持ちのいいセックスができていないと思います。

お互いが愛し合えるように工夫をすることが大切となります。

男性も〝イカせる〟ことを考えるのではなく〝気持ちよく楽しむ〟ということを脳に覚えこませることにより、いつも以上のエクスタシーを与えることができます。そのためには、性感帯だけを刺激して、行為に及ぶというお決まりのセックスではなく、戯れるセックス、つまりじゃれ合う時間を多くもつことで、女性の性感帯はどんどんと敏感になっていくのです。そこから本格的な愛撫に切り替わる瞬間に、女性は心のエクスタシーを感じます。

まさにハートから入るセックスとなるのです。

この波のＯＮ・ＯＦＦができる男性がどれくらいいるのでしょうか。

意識の持ち方を変えるだけで、難なくクリアできますので、〝セックスをする〟のではなく〝戯れる〟と思って、彼女に触れてあげてくださいね。

そうすると女性の表情の変化が多くなり、あなたも楽しめます。さらに女性も受け身という意識から、積極的に且つ大胆になっていくので新しい発見ができるでしょう。

今までは、愛液が溢れる頃には脱がされていたパンツが、戯れでパンツが濡れてしまうのです。そのパンツの上から指で愛撫してあげると、とても感じるのです。

直接に触れられない感覚が、ひどくエロチックな気分にさせてしまうのです。

指先で触れられていた秘部に口を押し当て吐息をかけられると、生暖かい温度へと変化する。何とも言えない気持ちよさが女を襲う。

触ってほしい部分が何かで遮られているというもどかしさは、次への快感へと変わっていくのです。

ブラもすべて外さないで、カップを下に少しずらして乳首を舐めてあげる。その唇が乳首から離れて上体を起こしたときに、反動でカップが乳首を隠してしまう。感じていた乳首が塞がれてしまい、女はもっともっとと欲する身体になるのです。物が遮る快感の良さを女に与えてほしいと思います。

またパンツも脱がすのではなく、片足にかかったままのパンツにひどく興奮したことはありませんか？

スカートも脱がすのではなく、めくりあげたまま挿入する。これをされた女は、犯された感覚になり、ひどく興奮します。上半身も同様です。

見えそうで見えない、触れるようで触れない。この微妙なラインの見え隠れが、男にとってもエロチシズムを感じさせるのでしょう。

そして女にとって大切な後戯。

腕枕をする男性は多いのですが、手先がダランと横に放り出された腕は、ポーズでしかありません。

髪の毛をなでなでも一瞬で終わってしまったり、後戯は意識してもなかなか難しいですよね。私が今まで一番好きな後戯をしてくれた男性は、セックスの終わった後に軽くキスをして、後は眠ろうがテレビを見ようが腕枕でずっと肩を抱いてくれていました。

肩を抱いているということは、意識的に力を入れないと抱いていられないですよね。

笑いながらテレビを観ている時間もずっとしてくれているのです。

睡眠に落ちてしまったら、無意識に手は離れますが、意識が戻るとまたすぐに肩を抱いてくれていました。それも毎回です。

愛ありきの後戯に、とても愛おしさを感じました。

その優しさに、無言でずっと彼の身体にくっついている時間が大好きになりました。

そのときの肌の温もりは、セックスの温もりとはまた違った体温を感じることができるのです。そして自然に、手はペニスを包み込み、手の体温を伝えます。しばらくそのままじっとしているのが心地よく、たまにゆっくりとモミモミをすることで、私からの後戯を伝えます。

女性はセックスが終わっても、形が違うエロさを身体に漂わせます。
そのエロさを引き出すためにも、あなたは優しい後戯をしてあげてくださいね。
最後に、本書を読んでくださったあなたに、お伝えしたいことがあります。
女が一番求めているのは、セックスではなく〝抱擁〟です。
セックスまでのプロセスのキスではなく、愛情表現のキスに安心感を覚えます。
あなたと二人で楽しむ時間。あなたと共有できる快楽。
女は、〝秘密ごと〟と〝秘めごと〟が大好きなのです。

あとがき

世で言う、〝可愛い女〟〝モテる女〟〝有名な女〟、そして、あなたにとって〝理想的な女〟は、自分に振り向いてくれないという思い込みは捨ててほしいと思います。

どんなに外見を着飾っていても、自分を良く魅せようと努力をしている女たちも、内心は〝素〟で過ごせる相手を必要としているのです。

その根底には、〝女の欲望を出せる相手〟という意味合いも含まれています。満たしてくれる相手ではなく、自分をさらけだせる相手なのです。その先に、パートナーと満たし合える関係になれるように、努力をするというのも恋愛の醍醐味なのでしょう。

多くの取材を通してお伝えしてきましたが、どんな女でもほんとうは「セックスがしたい」のです。美味しい物が食べたい、恋がしたい、といった延長線上にセックスが存在するのですが、セックスに関しては、オープンにできないといった女独特の〝ぶりっ子〟が見え隠れするのです。

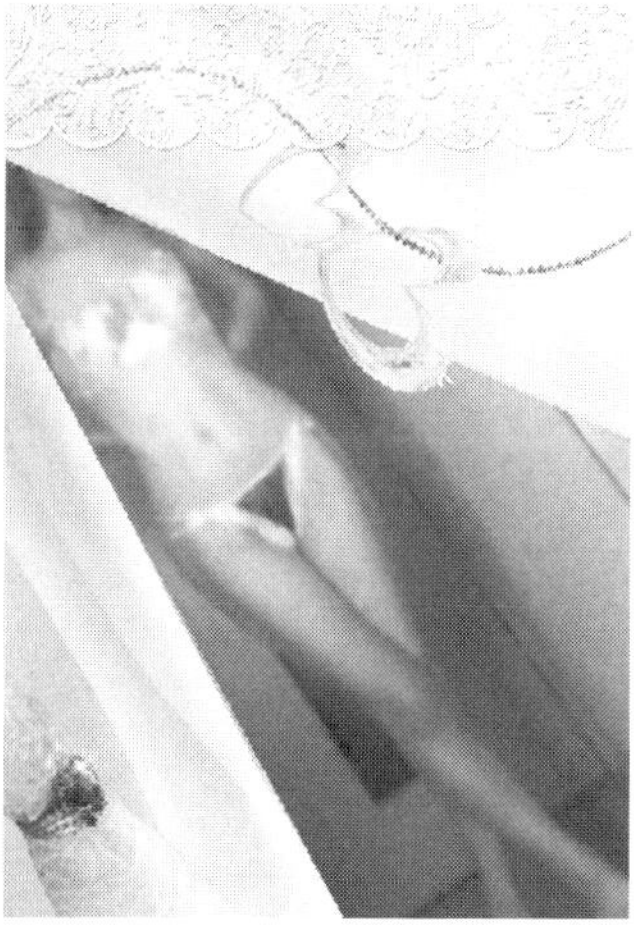

ぶりっ子の側面は、自分を良く思ってほしいからなのです。それはポーズでしかなく、男は素早く女の本心を見抜き、誘導してあげることが大切でしょう。

女子会で、男談義やセックス談義で盛り上がっていようとも、言っていることとは裏腹なことも多く、男の前ではもっと淫らになりたい、且つ女らしくありたいと思っているのです。そのギャップを出すのが恥ずかしいというのが女の本音なのです。

女を知るというシチュエーションに構えは必要なく、女の素を引き出してあげればいいだけのことなのです。

そのためには、〝共感〟の表現をより多くすることで、あなたに身を任せたくなります。我慢をさせることも大切なときもありますが、セックスに関しては我慢をさせないことです。

自分本位な欲望のままにセックスを済ませてしまうと女には不満が残りますが、〝思いやるセックス〟を心がけることで、二人の関係は随分と違ってきます。

テクニックや頑張りや努力というものは、二の次、三の次になります。もっと女の本音を言えば、そんなものはいらないのです。優しさや思いやりが見えることで快感も高まっていき、愛しているという気持ちがエクスタシーへと導くのです。

ハートから入るセックス、ハートありきのセックスで、女は心も身体も満たされるのです。

心は、あなたという存在を大切に思います。そして子宮はあなたのペニスを忘れないのです。

※本文中に使用の写真は、すべてイメージです。

麻末 知花
あさみともか☆大阪生まれ。作家・恋愛セラピスト・セックスカウンセラー。FMラジオのパーソナリティなどを経て、自らの経験と豊富な恋愛カウンセリング経験をベースに作家活動を開始。『週刊SPA!』、『週刊現代』、『週刊実話』、『大人の流儀』などの雑誌に出演・寄稿するかたわら、単行本、電子書籍を執筆。著書に、『秘密のセックス』（リーダーズノート出版）、『女が欲しがるセックス集』（笠倉出版社）、『心を映し出すセックスの法則』（ＣＬＡＰ）、『リアルLOVE・リアルSEX』（無双舎）、『LOVEセラピー』（KKロングセラーズ）他がある。
http：//tomoka-lovetherapy.com/

いつも我慢しています

2017年5月10日　初版第1刷発行

著　者：麻末 知花

発行・発売：リーダーズノート出版
〒114-0014　東京都北区田端6-4-18
TEL：03-5815-5428　FAX：03-5815-5435

装丁イラスト：白井一片

装丁：玉井 寿郎

印刷：株式会社 平河工業社

定価はカバーに表示しています。
落丁・乱丁はお取り替えいたします。
ISBN978-4903722726